UN PEU
DE
PHILOSOPHIE
NATURALISTE

PAR

M. H. MATHIEU

L'homme est un parvenu
qui renie ses ancêtres.

PARIS

ANCIENNE LIBRAIRIE GERMER BAILLIÈRE ET Cie
FÉLIX ALCAN, ÉDITEUR
108, boulevard Saint-Germain, 108

1892
Tous droits réservés.

UN PEU

DE

PHILOSOPHIE NATURALISTE

UN PEU
DE
PHILOSOPHIE
NATURALISTE

PAR

M. H. MATHIEU

<blockquote>L'homme est un parvenu qui renie ses ancêtres.</blockquote>

PARIS

ANCIENNE LIBRAIRIE GERMER BAILLIÈRE ET Cie

FÉLIX ALCAN, ÉDITEUR

108, boulevard Saint-Germain, 108

1892

Tous droits réservés.

INTRODUCTION

Le microscope a complété pour la terre la révolution que les lunettes et le télescope avaient opérée dans l'étude du ciel (A). Il a surpris les petits secrets de la nature, devinée déjà dans ses plus grandioses conceptions; et quoique sa découverte remonte à plus de deux cents ans, c'est le XIXe siècle qui, en le perfectionnant, aura eu l'honneur d'en tirer tout le profit. Cette aptitude à voir la réalité des choses, les plus lointaines comme les plus ténues, a prodigieusement influé sur les tendances de l'esprit humain. Quittant les vagues régions où, faute de mieux, se berçait l'imagination de nos pères, il a nettement abordé le domaine de la réalité, et, résultat curieux à noter, il s'est vite aperçu que l'infinie variété et la merveilleuse organisation des objets matériels prêtaient plus à l'admiration que les produits de sa propre élucubration.

Nous sommes donc devenus simplement naturalistes. Est-ce une déchéance? On serait tenté de le croire, car chaque nouvelle conquête de la science ne fait que nous convier davantage à l'humilité. Depuis que, dans ces pâles flambeaux suspendus à une voûte d'azur, nous avons démêlé des mondes reliés par une majestueuse harmonie, nous savons quelle modeste place notre globe occupe dans l'immensité de l'univers. Naguère nous pensions être les rois incontestés de la terre; aujourd'hui nous payons tribut à de formidables légions d'êtres infiniment petits, qui nous débordent par leur nombre. Jusque dans les beaux-arts nous avons trouvé un maitre : le soleil nous donne des leçons de peinture. Nos archéologues, en cherchant à reconstituer l'histoire d'après les restes d'un antique passé, ne font que travailler à la destruction des gloires que le temps avait consacrées, et démolissent pièce à pièce le piédestal sur lequel la légende avait haussé chacun de ses héros. Enfin la littérature elle-même, cédant à l'entraînement général, renonce à la fiction pure, et prête coquettement son précieux concours à la propagation des idées nouvelles. Bref, il faut en prendre son parti, le réalisme a le pas dans toutes les branches des connaissances humaines; saluons dans son avènement un triomphe pour la vérité.

Nous nous proposons d'examiner le côté philosophique de cette mémorable rénovation. Et d'abord, en quoi consiste la philosophie? D'après les classiques, c'est la recherche de la vérité. Cette définition est prétentieuse ou vague : prétentieuse, parce que la vérité, prise dans son sens général et absolu, est l'essence même de la perfection; vague, parce qu'elle ne précise ni les limites, ni le but de nos investigations. Nous dirons que le philosophe cherche, dans les bornes de son entendement, la plus grande somme des vérités qui peuvent contribuer au bonheur de l'homme.

Avant d'entrer dans le temple du sage, arrêtons-nous pour lire trois mots inscrits au fronton : Dieu, la Nature et l'Ame ; nous croyons utile d'en présenter une définition.

Dieu sera pour nous la Cause première de tout ce qui existe.

Nous désignerons sous le nom de Nature l'ensemble de la création, qu'il s'agisse de la matière brute et des lois qui la régissent, ou des êtres organisés et du principe qui les anime.

Les définitions qu'on a données de l'Ame sont nombreuses et contradictoires ; il nous faut entrer à ce sujet dans quelques explications.

Pour beaucoup de philosophes, l'âme est une force. Or, qu'est-ce que la force, et a-t-elle une réalité objective, si vraiment elle existe ?

Les formes si diverses que revêt la matière et la variété des phénomènes qu'elle présente ont conduit tout d'abord à leur assigner des causes multiples auxquelles on a donné le nom de forces. Cette conception métaphysique trouvait d'ailleurs sa confirmation dans de prétendus faits d'observation, tels que ceux-ci :

1° Les corps agissent les uns sur les autres à distance ;

2° La matière organisée porte en elle-même un principe de mouvement.

En outre, on croyait autrefois, comme aujourd'hui, à l'inertie de la matière, incapable de quitter d'elle-même l'état de repos ou de modifier, autrement que par une intervention étrangère, son propre mouvement. Il n'en fallait pas davantage pour avancer qu'en tirant la matière du néant, Dieu avait en même temps créé des forces en nombre aussi considérable que les catégories fantaisistes auxquelles on pouvait ramener tous les phénomènes.

Maintenant, grâce aux progrès de la science, nous avons de bonnes raisons de supposer que les espaces célestes sont occupés par un fluide éminemment subtil, l'éther, qui rend tous les corps solidaires, et que la matière même n'est qu'une agglomération de particules d'éther diversement groupées à l'état moléculaire. Si, dans un pareil système, il existe des forces, nous ne pouvons les connaître que par des effets sensibles, et l'effet, hormis le cas très particulier de l'équilibre, est toujours un mouvement. Or, il est remarquable qu'en pénétrant mieux les secrets de l'univers, nous trouvons invariablement un contact matériel là où la mécanique avait, pour expliquer le mouvement, placé le point d'application d'une force. L'idée d'un agent dynamique prenant contact avec de la matière nous paraît tellement mystérieuse, que nous préférons admettre, conformément à l'expérience, que toute modification des mouvements des corps dérive d'une influence réciproque, d'un choc provoqué par le contact, et que de ce choc résulte pour chacun d'eux une vitesse mathématiquement déterminée par la valeur et la direction des vitesses composantes.

Les partisans de la force ne s'entendent plus quand il s'agit de définir son essence. Est-ce un attribut de la matière, ou existe-t-elle en dehors d'elle comme entité distincte? A-t-elle été créée en même temps qu'elle, ou bien apparaît-elle comme une émanation toujours actuelle de la Cause première? Aussi les abandonnerions-nous à leurs incertitudes, s'ils n'avaient pas proclamé comme dernière et péremptoire preuve de l'existence de la force, le principe de mouvement que porte en soi tout être organisé.

Que les végétaux et les animaux surtout possèdent le don d'une apparente spontanéité dans leurs mouvements, c'est ce que personne ne conteste. Mais quand nous aurons étudié leur constitution physiologique, nous reconnaîtrons qu'ils sont composés d'éléments spécialement organisés dans le but d'emmagasiner une certaine quantité de force vive, laquelle, empruntée d'abord à d'autres corps animés, est entretenue ou augmentée par un apport continu de mouvement appartenant à des substances dites nutritives. Les détentes dynamiques, en vertu desquelles l'être vivant s'incorpore les matières nécessaires à sa conservation, sont provoquées par l'instinct, qui a son point de départ dans la sensibilité. C'est donc dans la faculté de sentir qu'il faut, en dernière analyse, chercher l'explication de la vie, en tant qu'il s'agit plus particulièrement du règne animal.

Distinguons d'abord la sensibilité de la conscience, en ce sens qu'une sensation perçue n'est pas nécessairement consciente. Les animaux les plus inférieurs sont doués de sensibilité, puisque le contact d'autres corps provoque chez eux des mouvements, des tressaillements qui affectent l'être tout entier, et cependant rien ne prouve qu'ils en aient conscience. Dans les organismes les plus parfaits de la série zoologique, la plupart des fonctions s'opèrent à l'insu de l'être vivant; souvent même les perceptions sensorielles donnent lieu à des mouvements réactionnels en quelque sorte automatiques. La sensibilité organique, c'est un fait d'observation, consiste dans la faculté de transmission, à travers les tissus d'un corps vivant, d'une certaine quantité de force vive appliquée en un de ses points, laquelle se propage en vertu de l'élasticité et de la liaison des éléments, et peut y mettre en liberté des détentes dynamiques capables d'augmenter notablement l'effet de l'effort originel.

Diffuse d'abord sur toute l'étendue du corps, la sensibilité augmente avec le perfectionnement de l'être et tend à se particulariser quand il acquiert des instruments spéciaux de perception sensorielle. A ce moment l'individualité morale se dessine et le moi a conscience de ses sensations.

Assurément nous ignorerons toujours comment une perception, en se répercutant dans certaines parties de l'organisme, donne lieu au sentiment même de cette perception; mais ce que nous savons bien, c'est que le fait d'avoir conscience est intimement lié à cet autre, d'ordre mécanique, que la sensation nous est révélée par une action dynamique, par une espèce de choc dont l'intensité se trouve proportionnée à la netteté du pouvoir conscient. L'homme n'a pas le monopole de la conscience, tous les animaux pourvus de centres nerveux la possèdent certainement, à des degrés variables, et c'est seulement à la richesse physiologique de notre cerveau que nous devons d'exercer cette faculté dans sa plénitude.

Vulgairement confondu dans la multitude des êtres sensibles et conscients, c'est dans l'apanage de l'intelligence que l'homme a cherché ses titres de noblesse. Or, à quel instant se rompt le lien qui rattache à la sensibilité physique les idées de l'être pensant? Ce lien reste toujours visible chez les représentants les plus dégradés de l'espèce humaine, et il n'appartient qu'aux théoriciens de l'école spiritualiste d'affirmer qu'on ne le retrouve plus dans les hautes conceptions de l'intelligence. Tous les animaux vivent par l'automatisme, presque tous sont doués d'instinct, beaucoup ont une véritable intelligence, et l'on aurait tort de donner de l'âme une définition visant l'homme exclusivement.

Ce qui frappe le plus, dans un organisme de structure aussi compliquée que celle de l'être vivant, c'est le caractère d'unité qui préside à l'ensemble des phénomènes dont il est le théâtre. Là, point de trêve dans l'activité; toutes les parties travaillent simultanément pour l'intérêt commun, et leur tâche est réglée de telle sorte qu'elles paraissent assujetties à une constante et mutuelle dépendance. Nous aurons l'occasion de hasarder quelques explications à ce sujet, mais sans nous enfermer dans une doctrine d'école. Aussi ferons-nous grâce au lecteur de toutes les interprétations auxquelles a donné lieu le principe de vie ; et au dynamisme, au vitalisme et à l'animisme nous substituerons la psycho-physiologie, qui est la science de l'âme humaine, basée sur l'étude des fonctions organiques. Nous repoussons comme inaccessible à notre connaissance l'idée de la force, et n'admettons plus que de la matière et du mouvement. Toutefois, pour ne pas rompre avec des usages invétérés, nous continuerons à employer l'expression de force, sous la réserve des considérations qui précèdent.

En quoi consiste donc l'âme? Pour nous, c'est le jeu des forces vives emmagasinées dans un corps organisé de telle façon que toutes ses parties travaillent en constante harmonie. L'âme n'est qu'un des nombreux exemples de la transformation des mouvements. Elle se manifesta le jour où, dans des conditions favorables de température et de milieu, un élément de matière réussit à emprisonner de l'éther vibrant selon un mode particulier, et l'épanouissement de la vie ne devint plus qu'une question de temps. Une évolution lente et graduelle a tiré d'un informe morceau de protoplasma des organismes de plus en plus achevés, pour aboutir au nôtre qui, s'il fallait nous en croire, serait le dernier mot de la création. L'histoire de l'âme n'est plus que celle du corps; elle se réduit à un cours de zoologie.

UN PEU
DE
PHILOSOPHIE NATURALISTE

I

LA MATIÈRE. — L'ÉTHER, LES CONDENSATIONS,
LES NÉBULEUSES, LES SYSTÈMES STELLAIRES.

L'homme est pourvu de cinq sens qui le mettent en relation avec le monde extérieur. On appelle communément matière ce qui agit sur nous par l'intermédiaire des sens, mais la matière ne nous apparaît pas également sensible dans tous les cas. Si l'impression nous vient de l'extérieur, la cause occasionnelle tombe généralement sous la perception de plusieurs sens qui en contrôlent mutuellement l'existence ; elle est alors visible, tangible, etc., et sa matérialité a pour tous le caractère de l'évidence. Quand un sens est seul affecté, l'objet nous échappe en partie et souvent ne se manifeste que par la moindre de ses qualités propres ; il faut alors recourir à l'expérience acquise pour le bien connaître. Il peut arriver aussi qu'un état pathologique de notre corps entraîne de vagues sensations internes dont nous ne pouvons saisir ni le point de départ, ni la cause affective. Enfin, avec les phénomènes calorifiques, magnétiques, électriques et lumineux, nous entrons dans un monde étrange, énigmatique, dont le raisonnement seul nous révèle l'existence. Un éclair frappe notre œil et disparaît aussitôt : de quelle nature est la source lumineuse ? Le soleil nous envoie ses rayons : comment est franchie la distance qui nous en sépare ? De même pour la propagation de la chaleur, du magnétisme et de l'électricité. Les corps matériels émettent-ils une portion de leur substance, ou n'agissent-ils que par l'intermédiaire d'une autre substance qui serait interposée ? Le témoignage direct de nos sens est muet sur toutes ces questions. Aussi, depuis longtemps, les savants se sont-ils ingéniés à combler ces lacunes par l'étude des rapports qui existent entre le monde sensible et le monde caché. Nous allons exposer sommairement la théorie atomique qui résume les plus intéressantes recherches sur ce sujet.

On admet que l'espace est infini, parce qu'on ne conçoit pas par quoi ni comment il serait limité. Le vide n'existe pas dans l'univers ; entre les mondes célestes, circule un fluide éminemment subtil, l'éther, dont les particules, que nous appellerons pour abréger éthéricules, se repoussent généralement et sont à peu près partout également réparties. Les éthéricules sont susceptibles de se grouper suivant des amas de structure particulière qu'on nomme atomes, et affecter, par exemple, la forme d'un tore où chacune d'elles possèderait un mouvement de rotation dans une section méridienne. Nous citons cette figure géométrique entre tant d'autres, parce qu'on a démontré que, dans un liquide parfait auquel l'éther a été assimilé, un anneau tourbillon se conserve en se propageant et en changeant de forme, sans que jamais la connexion de ses parties constituantes puisse être rompue.

Les atomes sont indivisibles par les forces dont nous disposons ; réunis en nombre généralement restreint, ils donnent lieu à des molécules de matière. Les corps dont chaque molécule est formée d'atomes identiques ont reçu le nom de corps simples, parce que nous ne pouvons pas les transformer en d'autres corps présentant une composition chimique différente ; on en compte aujourd'hui 77.

Toute substance a une masse qu'on définit le rapport constant entre la grandeur d'une force qui lui serait appliquée, et l'accélération par seconde qui en résulterait*.

---

* En réalité la masse d'un corps est proportionnelle au nombre de ses éthéricules.

Dans le cas particulier où cette force est la pesanteur, l'accélération est égale à 9,8088, en prenant le mètre pour unité de longueur. La masse d'un atome a constamment la même valeur pour tous les atomes de la même espèce ; on a même approximativement calculé la masse atomique de la plupart des corps simples, rapportée à celle de l'hydrogène prise pour unité, et l'on a trouvé des nombres variant de 7 à 210.

Une molécule de corps simple contient toujours plusieurs atomes, susceptibles de se grouper suivant des modes qu'on n'a pas encore bien définis ; à en juger par de curieux phénomènes d'isomérie, ces modes seraient eux-mêmes variables pour certaines substances. Quand deux corps simples se combinent, les molécules de chacun d'eux se résolvent en leurs atomes, et les molécules du corps composé qui en résulte comprennent des atomes de chaque espèce, en quantité variable. En somme, toute réaction chimique consiste dans un échange d'atomes des corps constituants, et dans la formation d'un nouveau corps dont toutes les molécules sont identiques. Les mouvements ou les échanges d'atomes n'influent jamais sur le nombre de leurs éthéricules. C'est un fait constant d'expérience que, dans le mélange ou la combinaison de deux corps, quels qu'ils soient, on retrouve la masse totale des molécules mises en présence. Les réactions chimiques donnent ordinairement lieu à un dégagement de chaleur; quelquefois au contraire la température s'abaisse. Ces modifications thermiques sont toujours le résultat d'un travail mécanique, positif dans le premier cas, négatif dans le second. Tout changement chimique tend vers la production du système de corps qui dégage le plus de chaleur.

La matière se présente à nous sous les trois états solide, liquide et gazeux. La théorie atomique veut qu'on y ajoute l'état éthéré, c'est-à-dire celui de la substance occupant les espaces célestes ; et peut-être la matière cosmique, celle par exemple des comètes et des nébuleuses, constitue-t-elle un état particulier. Nous savons, d'ailleurs, que le passage d'un état à l'autre est souvent marqué par une forme intermédiaire, en vertu de cette loi de la nature qui ménage toutes les transitions. Un même corps peut passer successivement par les états solide, liquide et gazeux ; il suffit, pour cela, de changer les conditions de température ou de pression auxquelles il est soumis, ou de le mettre en présence de tel autre corps convenablement choisi. On admet qu'à une température très basse, environ 273 degrés au-dessous de zéro, tous les corps sont parfaitement solides ; on ne sait pas encore à quel degré minimum de chaleur ils seraient tous gazeux. Nous pensons toutefois que, vu leur haute température, les astres brillant d'une lumière propre sont gazeux dans toutes celles de leurs parties où la force centripète d'attraction est minimum, c'est-à-dire dans les régions voisines de leur surface. Tel serait le cas du soleil.

Cet astre, incandescent à sa surface, doit l'être dans toute sa masse, et présenter en son centre, comme tout corps céleste rayonnant de la chaleur, un maximum de température. Les matières, dissociées à l'intérieur, s'élèvent pour se combiner à l'extérieur, en dégageant des quantités considérables de chaleur et de lumière ; puis elles retombent, relativement refroidies, dans ce vaste creuset où commence à nouveau l'œuvre de la dissociation.

Il est à présumer que l'écorce du soleil se compose de nombreux éléments hétérogènes de corps à l'état gazeux, et qu'il s'y forme des nuages de matière liquide ou solide qui font retour vers la masse interne. L'analyse spectrale permet d'y retrouver plusieurs des corps simples de la terre, et d'autres encore y existeraient, qui nous sont inconnus, et dont l'un a reçu le nom d'hélium. Mais ces données sont bien incomplètes et, jusqu'à présent, on ne s'est pas entendu pour expliquer l'apparition des taches solaires, et les protubérances gigantesques que le disque lumineux présente sur ses bords, surtout au moment des éclipses totales.

Au reste, l'observation du ciel nous offre bien d'autres problèmes à résoudre. Seul entre toutes les autres planètes, Saturne est entouré d'un anneau formé, selon toute probabilité, d'une multitude de petits corps solides gravitant de concert autour du centre d'attraction. De nombreux astéroïdes venus on ne sait d'où, mais répartis sans doute par essaims autour du soleil, nous témoignent leur existence, soit par des traînées lumineuses qu'ils laissent dans notre atmosphère, soit même par une chute directe sur notre globe. Une pléiade de petites planètes, dont on a découvert déjà plus de 300, circule autour de l'astre lumineux entre Mars et Jupiter. De temps en temps des astres chevelus, dont les formes étranges semaient jadis l'effroi parmi les peuples, viennent, par la mobilité de leur structure et l'apparente irrégularité de leurs mouvements, ajouter à la complication que présentent la genèse et la constitution des mondes. Enfin, le télescope nous a appris que la voie lactée n'est que l'une des innombrables nuées blanchâtres existant dans l'univers ; c'est l'étude des nébuleuses qui a ouvert à l'astronomie philosophique ses plus vastes horizons.

Les nébuleuses connues se comptent aujourd'hui par milliers. Herschell qui, à lui seul, en a découvert plus de 2,500, a vite reconnu qu'un grand nombre d'entre elles étaient résolubles, c'est-à-dire susceptibles de se résoudre en étoiles ; et pendant quelque temps, on a pu croire que la résolubilité des autres ne tenait qu'à un plus fort grossissement des instruments employés. Mais le spectroscope a démontré que nombre de nébuleuses sont constituées par une matière cosmique à l'état gazeux, analogue, si l'on veut, à la matière raréfiée des comètes; pour certaines d'entre elles même il y a mélange, c'est-à-dire que la nébuleuse non résoluble présente des noyaux plus ou moins brillants qui apparaissent comme des centres de condensation. Voici les conclusions auxquelles a conduit l'ensemble de ces observations :

Les astres sont répartis dans le ciel par systèmes stellaires, ou par groupes résultant chacun de la condensation d'un même amas de matière nébuleuse. Dans beaucoup de ces systèmes, la formation sidérale est achevée, mais dans d'autres elle commence ou se continue incessamment. La voie lactée est une nébuleuse résoluble, affectant dans son ensemble la forme d'un disque aplati dont le soleil occupe à peu près le centre; il en résulte que nous apercevons distinctement, vu leur rareté et leur faible distance relatives, les étoiles de cette nébuleuse situées dans une direction perpendiculaire à son plan moyen, et que les plus éloignées dans ce plan se dessinent à l'état nébuleux.

C'est en s'aidant de ces considérations que Laplace, dans son *Exposition du système du monde*, a expliqué d'une façon ingénieuse la genèse de notre système solaire. Il admet d'abord que le soleil et les planètes ne formaient, à l'origine, qu'une seule nébuleuse animée d'un mouvement de rotation autour d'une ligne passant par son centre, et que cet amas cosmique s'étant progressivement refroidi, des portions de matière de plus en plus grandes se sont condensées vers son centre, de manière à former un noyau dont la masse s'accroissait ainsi peu à peu. Partant de ces hypothèses, il fait voir que, sous l'action de la force centrifuge, des anneaux de matière cosmique condensée se séparèrent successivement du noyau central, pour donner lieu à des nébuleuses secondaires, germes des planètes et de leurs satellites. Ces derniers, sous l'influence continue de la condensation et de la rotation, se séparèrent à leur tour de leur centre, et dès lors chaque astre du système solaire jouit d'une individualité propre. On doute, d'ailleurs, que toute condensation soit achevée au sein de notre nébuleuse. La lumière zodiacale, cette lueur de forme triangulaire que nous apercevons le matin ou le soir du côté du soleil, pendant les mois de mars, d'avril et de septembre, est peut-être de la matière cosmique ; peut-être aussi se compose-t-elle d'une infinité de corpuscules solides se mouvant séparément autour du soleil, auquel cas elle constituerait une formation sidérale définitive.

Cette théorie, d'ailleurs si rationnelle, n'explique pas toutes les particularités du système solaire. Elle ne donne pas la raison de l'inclinaison très variable de l'axe des planètes sur le plan de leur orbite, angle qui devrait être toujours droit. De plus, on a constaté que les mouvements de rotation de quelques satellites, celui de Neptune par exemple, sont franchement rétrogrades, alors que le mouvement direct est la loi pour les autres astres. Enfin on n'explique pas pourquoi, par une exception bizarre dans le système solaire, la lune présente toujours la même face à la terre. Cette genèse s'est donc compliquée d'accidents ou de perturbations dont les causes dépassent la portée de l'esprit humain.

D'après la théorie atomique, c'est aux dépens de l'éther libre que se seraient formés tous les mondes. Les nébuleuses sont bien de véritables condensations de ce milieu, à des degrés très divers de raréfaction par rapport aux corps que nous connaissons. L'hydrogène, le plus léger des gaz terrestres, a une masse spécifique de 10^{12} à 10^{13} fois plus grande que l'éther ; et s'il existe de la matière cosmique à l'état d'atomes séparés, elle contient, à volume égal, beaucoup moins d'éthéricules que celle où les molécules sont déjà formées, et par conséquent que l'hydrogène. Remarquons, d'ailleurs, que l'éther interstellaire entoure tous les atomes et toutes les molécules, et que les pores des corps en sont remplis. Mais rien n'autorise à affirmer, comme on l'a fait, que ces éthéricules intercalées ne sont pas entraînées, partiellement au moins, dans le mouvement des astres, car elles subissent l'influence des mouvements moléculaires, de même que l'éther ambiant agit sur la surface de ces astres en donnant lieu à des phénomènes électriques ou magnétiques. La résistance qu'opposerait le milieu éthéré à la translation des mondes a préoccupé quelques savants au point qu'ils ont mis en doute sa matérialité. Nous devons admettre que l'éther est de la matière, puisque tous les corps sont composés d'atomes et, partant, d'éthéricules. Mais cette déduction logique n'est pas acceptée par M. Hirn*, qui a essayé de démontrer que c'est à un élément autre que la matière qu'il faut rapporter les relations des astres entre eux. D'après cet auteur, la matière peut bien exister par place dans l'espace à l'état diffus, mais pour admettre qu'elle le remplit absolument, il faudrait lui attribuer un état de rareté tel que les phénomènes résultant des actions réciproques des corps célestes resteraient inexplicables. Cette matière n'est donc pas nécessaire, philosophiquement parlant, et l'espace est rempli d'un élément spécifique distinct, simple ou complexe, mais non matériel, qu'on pourrait appeler élément dynamique ou intermédiaire.

Malgré les démonstrations mathématiques dont se sert ce savant pour étayer son opinion, il nous paraît difficile de prouver, par l'analyse, qu'un agent de

---

* Décédé en janvier 1890.

transmission de mouvements échappe à la qualification de matière, car les calculs ordinaires, appliqués à la résistance de l'éther dont la constitution nous est peu connue, donnent des résultats contestables, et ils n'ont que faire quand il s'agit de l'élément dynamique. L'objection tirée des difficultés qu'éprouveraient les astres à se mouvoir dans un milieu matériel d'une densité presque nulle a peu de valeur et ne saurait, en tous cas, autoriser un retour à l'hypothèse des fluides spéciaux, c'est-à-dire de la matière spiritualisée dans le but d'expliquer les relations de mouvements. Pour nous, la substance pourvue de masse est seule capable d'agir sur la matière ; encore ne le fait-elle pas en vertu de forces dont elle posséderait le principe, mais seulement en composant, d'après les règles de la mécanique, sa vitesse avec d'autres vitesses.

Il nous est possible d'admettre que l'éther existait d'abord entièrement à l'état libre et que les condensations de ses particules sont dues à des mouvements relatifs qui, dans des conditions particulières, ont engendré des atomes, puis des molécules et, enfin, des agglomérations sidérales. De nouvelles nébuleuses paraissent incessamment en voie de formation et produiraient avec le temps une sensible raréfaction de l'éther libre, s'il y avait un rapport appréciable entre le volume réuni des corps célestes et l'immensité de l'espace. Au surplus, rien n'empêche de supposer que les corps matériels puissent retourner à l'état d'éther: des aérolithes tombent parfois sur la terre ; de même, des astres complets sont susceptibles de se rencontrer et de développer un travail capable de désagréger jusqu'aux atomes. Mais l'origine et la fin des mondes seront toujours des énigmes pour la science humaine ; bornons-nous sagement à constater qu'il existe, au fond de toutes les modifications de la matière, des mouvements soumis à des lois dont la grandiose régularité facilite nos investigations. C'est ce qui fera l'objet du chapitre suivant.

II

LES LOIS QUI RÉGISSENT LA MATIÈRE.

C'est par l'observation des mouvements sensibles que l'homme a commencé pour se rendre compte des relations qui existent entre les corps matériels. Longtemps il a supposé que, faute de milieu intermédiaire, les éléments de matière pouvaient agir les uns sur les autres à distance et qu'ils possédaient chacun un principe de mouvement, c'est-à-dire une force propre. Les forces se sont d'ailleurs multipliées en raison du nombre des effets, et chaque catégorie de phénomènes a été placée sous la dépendance d'une force spéciale. Rien n'a fait contre ce parti pris, pas même l'intervention, généralement admise aujourd'hui, d'un milieu remplissant les espaces célestes et servant d'agent de transmission du mouvement. Nous sommes donc obligé d'emprunter un langage vieilli pour exposer les notions qui ont cours sur les actions réciproques des corps matériels.

Les éthéricules, ou particules d'éther, se repoussent mutuellement et sont réparties à peu près uniformément dans tout l'univers. Leurs distances moyennes sont énormément plus grandes à l'état libre qu'à l'état moléculaire ; toutefois elles peuvent se rencontrer, notamment dans les mouvements vibratoires, qu'elles se transmettent de proche en proche avec une vitesse extraordinaire. On a assimilé le milieu interstellaire tantôt à un corps solide, tantôt à un fluide parfait. Mais, d'une part, les corps solides émettent à la fois des vibrations longitudinales et transversales, tandis que les premières n'ont jamais été observées dans l'éther ; et de l'autre, les fluides ne donnent lieu qu'à des ondes élastiques se propageant sous forme d'ondes longitudinales. L'éther constitue donc un état particulier qu'on ne connaîtra mieux qu'à la suite d'observations prolongées.

Un atome ou une éthéricule agit toujours sur un

autre atome ou éthéricule soit au contact, soit à distance quand l'éther leur sert d'intermédiaire; les lois de ces actions sont encore inconnues, vu la difficulté de se rendre compte de la multiplicité des mouvements des éléments mis en présence. On ignore également en quoi consiste l'action réciproque des molécules et des éthéricules, mais, comme elle se manifeste souvent par des phénomènes sensibles, notamment dans les transports de matière occasionnés par des flux d'éther, il est probable qu'on arrivera bientôt à en pénétrer la cause.

Lorsque deux molécules se trouvent à une distance suffisamment grande par rapport à leurs dimensions, tout se passe comme si elles exerçaient l'une sur l'autre des forces égales et contraires, dirigées suivant la droite qui joint leurs centres de gravité, et égales au produit de leurs masses par une fonction de la distance de ces centres. Lorsque cette distance est très grande, la force est une attraction et a pour valeur numérique le produit des deux masses, divisé par le carré de la distance.

Quand la distance des deux molécules est faible, ce qui arrive surtout dans les corps solides, la force qu'elles exercent l'une sur l'autre prend le nom de cohésion; elle augmente à mesure que cette distance diminue, jusqu'à ce qu'elle atteigne un maximum au delà de laquelle elle décroît pour devenir nulle. La distance devenant encore plus petite, la force mutuelle se change en répulsion, et augmente d'intensité avec le rapprochement, au point de dépasser, au contact, toute grandeur assignable ; il en résulte que deux molécules, quelque voisines qu'elles soient, ne peuvent jamais se toucher, et moins encore se pénétrer.

Dans un corps matériel, toute molécule est soumise, eu égard à la distance, à des forces répulsives et attractives, qui assureraient le repos de l'ensemble si elles parvenaient à se faire équilibre en tous les points ; ce cas ne se présenterait que pour les corps solides à la température de 273° au-dessous du zéro thermométrique, c'est dire qu'il n'est jamais réalisé.

Quoique l'électricité et le magnétisme nous fournissent de nombreux exemples de répulsion, ce sont les effets d'attraction que nous avons le plus étudiés, parce que les lois de la gravitation universelle dominent toutes les autres dans les manifestations du monde matériel. Ce que les astronomes appellent gravitation est une force de même nature que l'adhésion ou la cohésion des physiciens, que l'affinité des chimistes ; mais c'est sous le nom de pesanteur qu'on l'a d'abord désignée.

L'expérience nous apprend qu'à la surface de la terre, tout corps soulevé tombe vers son centre avec une égale vitesse ; et, pour empêcher cette chute, il faut déployer un effort plus ou moins considérable, mais toujours proportionnel au poids du corps ; cet effort représente la force attractive de tout le globe. On le mesure en multipliant la masse du corps considéré par la vitesse acquise après une seconde de chute. A son tour, tout agrégat de molécules attire la terre, mais cette action est inappréciable, à cause de la disproportion des masses.

La lune et la terre s'attirent mutuellement ; il en est de même des planètes entre elles, et du soleil par rapport aux astres qui gravitent autour de lui. Les comètes, les étoiles participent à cette attraction générale, mais l'effet produit sur le système solaire est inappréciable, à cause de la faible masse des unes et de l'énorme distance des autres. L'équilibre de tous les mondes paraît résulter d'une vitesse initiale de chacun d'eux, combinée avec une force centripète qui leur imprime un mouvement de rotation autour d'un certain centre.

C'est à l'immortel Newton qu'il était réservé d'étendre à l'univers entier les phénomènes d'attraction constatés jusqu'alors sur les seuls corps terrestres, et d'en généraliser les lois. On savait, avant lui, que l'attraction des corps pesants est proportionnelle aux masses. Galilée avait, de son côté, démontré que l'intensité de la pesanteur diminue en raison du carré de la distance ; et, grâce à Copernic, la théorie qui fixe le soleil au centre du monde planétaire, remplaçait les systèmes vieillis d'Hipparque et de Ptolémée.

D'autre part, Képler, en procédant par voie expérimentale, avait reconnu l'existence des trois lois suivantes, applicables au système solaire :

1° Les planètes décrivent autour du soleil des ellipses dont cet astre occupe un des foyers;

2° Les aires des portions d'ellipse parcourues successivement par la ligne droite qui joint une planète au soleil, sont entre elles comme les temps employés à les parcourir;

3° Les carrés des temps des révolutions des planètes autour du soleil sont entre eux comme les cubes des grands axes de leurs orbites.

Newton se demanda d'abord si ce que nous nommons la force de la pesanteur n'était pas la même que celle qui retient la lune dans son orbite autour de la terre. Après avoir démontré, conformément à la deuxième loi de Képler, que la force attractive s'exerce suivant la ligne droite qui joint chaque planète au soleil, il chercha la loi suivant laquelle cette force décroît avec la distance. Aidé de la troisième loi de Képler, il vérifia que la force appliquée à l'unité de masse de chaque planète varie en raison inverse des carrés des distances au soleil. Il lui restait à reconnaître si la force qui retient la lune dans son orbite n'est autre chose que la pesanteur terrestre diminuée dans le rapport inverse du carré de la distance au centre de la terre. Le résultat de ses recherches fut complètement d'accord avec ses prévisions.

Quoiqu'on manque de moyens pour vérifier que tous les astres obéissent aux lois d'attraction vérifiées pour le système solaire, c'est par une induction nécessaire qu'on les étend à toute la matière. Il est donc établi que tous les corps célestes s'attirent en raison directe des masses, et en raison inverse du carré des distances.

Les planètes changeant sans cesse de position les unes par rapport aux autres, leur attraction mutuelle varie à chaque instant, et modifie leurs trajectoires en donnant lieu à ce qu'on appelle des perturbations. Mais il est remarquable que, dans ce désordre apparent, le grand axe de chaque orbite elliptique reste toujours le même, circonstance qui, en vertu de la troisième loi de Képler, entraîne l'invariabilité des temps des révolutions autour du soleil. Il y a peu à faire pour conclure, de la stabilité du système planétaire, à celle de tout l'univers. Toutefois, l'étude des mouvements relatifs des étoiles nous fait pressentir une grande complication d'effets résultant de l'attraction universelle. Tous les astres gravitent autour de quelque centre. On a constaté que le soleil se meut à l'intérieur de la voie lactée, entraînant les planètes avec lui du côté de la constellation Hercule ; on suppose même, et l'avenir nous l'apprendra, que les nébuleuses se déplacent les unes par rapport aux autres. Mais si rapides que soient ces translations, il faudra des millions de siècles pour qu'elles amènent un rapprochement sensible entre les systèmes stellaires.

Si nous bornons nos observations à l'examen du domaine terrestre, nous ne sommes pas moins étonnés de la multiplicité des mouvements de la matière. Sans parler des décompositions chimiques, qui font de notre globe un vaste laboratoire, nous avons sans cesse à enregistrer des phénomènes variés que la physique rapporte à la pesanteur, au son, à la chaleur, à l'électricité, au magnétisme et à la lumière. Nous résumons en quelques lignes les données les plus générales que possède à ce sujet la science moderne.

Les causes de l'attraction moléculaire, de la pesanteur, de la gravitation universelle sont encore inconnues. Il est probable qu'elles tiennent à des variations de densité de l'éther ambiant. Un atome en repos, par exemple un anneau tourbillon, est composé d'éthéricules animées de mouvements concentriques, qui amènent et condensent vers son centre de figure une portion d'éther libre, au détriment de la couche qui l'entoure, et qui se raréfie. Plusieurs atomes, groupés à l'état moléculaire, agissent de même, en sorte que l'ensemble, imprégné d'éther libre condensé, s'entoure d'une zone d'éther dilaté. Si la molécule prend un mouvement de translation rectiligne, ce qui revient à la supposer en repos et à donner au milieu ambiant un mouvement rectiligne de sens contraire, la dilatation de l'éther libre diminue du côté antérieur et tend à augmenter de l'autre. Ce vide relatif du côté postérieur se trouve immédiatement comblé par une partie de l'éther comprimé à l'intérieur de la molécule, ce qui permet aux atomes de continuer leur effet d'attraction centripète de l'éther libre. Pour que les choses se passent ainsi, il faut que la vitesse de translation soit comparable aux vitesses intramoléculaires des éthéricules agrégées, et c'est le cas en astronomie. Si la molécule est en outre animée d'un mouvement de rotation, les conditions ne sont guère changées, c'est-à-dire que le frottement développé à la surface du système matériel n'empêche pas la raréfaction de se produire autour de lui. Si plusieurs molécules sont réunies, leurs effets s'ajouteront, et l'effet total sera proportionnel au nombre d'éthéricules qu'elles comprennent.

Si deux molécules se trouvent en présence, à une distance suffisamment grande par rapport à leurs dimensions, l'éther intermédiaire sera sillonné par une succession d'ondes dilatées partant simultanément des deux centres, et de cette raréfaction résultera une tendance au rapprochement. Ce rapprochement s'opère effectivement si les molécules partent de l'état de repos, mais il peut être annihilé si elles possèdent un mouvement relatif suffisamment rapide. Or, nous savons que tous les astres gravitent autour de quelque centre, et, si les distances restent invariables, c'est que l'action centrifuge, due à l'inertie de la matière, est exactement contrebalancée par l'effort centripète. Il doit en être ainsi dans tout système stellaire, si l'on admet avec Laplace que la nébuleuse qui lui a donné naissance possédait, à un moment donné, un mouvement de rotation autour du même axe.

Les lois de l'attraction ne dépendent du volume des corps matériels que lorsque leur distance est petite. En général, l'attraction augmente quand la distance diminue ; mais, si celle-ci décroît toujours, on constate qu'il arrive au moment où les corps, s'attirant de moins en moins, cessent d'avoir une action les uns sur les autres. Enfin lorsqu'on approche du contact, l'attraction se change en répulsion. Il est difficile de donner de ces divers phénomènes une explication satisfaisante.

Le son est constitué par les vibrations synchrones, d'une assez grande amplitude, dont les molécules d'un corps sont affectées. Toutes les questions qui se rattachent à l'intensité, à la hauteur et au timbre ont été traitées avec une précision en quelque sorte mathématique ; on a également constaté que les lois de la réflexion et de la réfraction sont les mêmes pour le son et pour la lumière. Pour qu'un son impressionne l'oreille, il faut : 1° que les vibrations du corps sonore lui soient transmises par l'intermédiaire d'un fluide homogène ; 2° que la durée d'une oscillation simple soit comprise entre $\frac{1}{16^e}$ et $\frac{1}{73000^e}$ de seconde. Ces limites peuvent varier avec l'individu, et peut-être la finesse de l'ouïe de certains animaux l'emporte-t-elle notablement sur celle de l'oreille humaine. Un curieux appareil, le phonographe d'Édison, permet de fixer le son et de le reproduire un nombre indéfini de fois.

La chaleur est le résultat d'un travail moléculaire et, réciproquement, tout accroissement de température donne lieu à un travail mécanique dont on a mesuré la valeur ; en portant de 0° à 1° la température d'un kilogramme d'eau, on développe une force capable d'élever 425 kilogrammes à 1 mètre de hauteur. Ces transformations de la chaleur en force vive visible font l'objet de la thermodynamique.

Un corps isolé est électrisé positivement ou négativement, s'il contient plus ou moins d'éther que lorsqu'il se trouve à l'état neutre. Un courant électrique est produit par le déplacement de l'éther à travers un corps, dans les parties les plus voisines de sa surface. Ce déplacement, facile dans les bons conducteurs, ne s'opère qu'avec une extrême lenteur dans les corps isolants, parce qu'alors l'éther adhère aux molécules au point de les entraîner avec lui, quand le courant possède une intensité suffisante. Il est démontré que la conductibilité électrique tient autant à l'arrangement des molécules qu'à leur nature, et qu'un même corps peut, suivant sa structure moléculaire, devenir bon ou mauvais conducteur.

L'aimant doit ses propriétés à des mouvements intérieurs de l'éther qui exécute avec une grande rapidité des girations circulaires extrêmement petites, toutes de même sens et à peu près perpendiculaires à l'axe de l'aimant. Tous les corps, et particulièrement le fer, sont susceptibles d'être aimantés par influence, mais très passagèrement. Pour que l'aimantation persiste, il faut employer des métaux spéciaux, tels que l'acier, et prolonger l'action pendant quelque temps. La force magnétique réside dans tous les points d'un aimant naturel ou artificiel, car, en le subdivisant, on la retrouve dans tous les fragments. Depuis qu'Ampère a étudié l'action réciproque des courants, et reproduit au moyen de solénoïdes tous les phénomènes magnétiques, il n'y a plus de raisons pour séparer l'étude du magnétisme de celle de l'électricité.

L'aimantation par induction a amené la découverte des électro-aimants et des ingénieux appareils dont le plus remarquable est le télégraphe électrique, perfectionné sous le nom de téléphone. On construit aujourd'hui beaucoup de machines qui ont pour objet de mettre en œuvre de la force vive au moyen de l'électricité, ou de transformer en courant électrique une force donnée. C'est ainsi qu'on a réussi à réaliser, par une double transformation, le transport de la force à de grandes distances, dans le but d'utiliser, pour le service de l'industrie, le travail produit par les eaux courantes ou par les chutes naturelles.

Si l'on porte un corps à une température assez élevée pour qu'il devienne lumineux, la sensation produite sur l'œil est le résultat des mouvements communiqués par ce corps à l'éther qui l'environne et dont les éthéricules exécutent des vibrations elliptiques très petites qui se propagent, perpendiculairement à leur plan, avec une vitesse de 306,000 kilomètres par seconde. Mais un pareil phénomène ne se produit jamais seul. En même temps que des rayons lumineux, une source émet des rayons calorifiques et chimiques, qui supposent autant de vibrations particulières de l'éther. Pour donner une idée de la multiplicité des mouvements du milieu interstellaire, considérons une de ses particules, vibrant sous l'influence d'une étoile, source lumineuse. Pour l'observateur placé sur le prolongement du rayon partant de l'étoile et passant par cette éthéricule, tout se passera comme si cette dernière vibrait perpendiculairement au rayon visuel. Mais des millions d'astres rayonnent incessamment vers cette même éthéricule, et lui impriment en même temps un mouvement vibratoire correspondant, d'où il résulte que la trajectoire de la particule d'éther considérée est, à chaque instant, la résultante géométrique d'un nombre incalculable de composantes. Cet exemple montre jusqu'à quel point l'équilibre strict, le repos absolu sont incompatibles avec l'existence de la matière.

Des expériences directes ont récemment paru établir que la lumière et l'électricité se propagent, sous la forme ondulatoire, avec la même vitesse, et obéissent aux mêmes lois de réflexion et de réfraction. On serait conduit alors à fondre ces deux agents en un seul, comme on tend à le faire pour l'électricité et le magnétisme (a).

Les corps qui, sur la terre, nous paraissent immobiles ont aussi, relativement à elle, des mouvements propres. Les uns vibrent, se contractent ou se dilatent sous la seule influence de ce qu'on appelle communément les forces physico-chimiques, d'autres semblent obéir en outre à une impulsion de nature particulière. On distingue, en conséquence, la matière brute et la matière organisée.

Dans les corps inorganiques à l'état solide, les molécules sont rarement réparties avec régularité, du moins à la surface de la terre, parce que la formation des terrains a presque toujours été accompagnée de mouvements divers ou de trépidations sismiques, et que les intempéries ou les actions chimiques sont des causes continues et énergiques de désagrégation ; aussi rencontrons-nous le plus souvent la matière solide sous l'aspect amorphe et poreux, c'est-à-dire que les vides intermoléculaires sont très inégaux et plus ou moins considérables. Mais les cristaux font exception à cette règle. Lorsqu'on amène lentement et sans secousses un corps de l'état liquide ou gazeux à l'état solide, il affecte la plupart du temps des formes géométriques, c'est-à-dire qu'il est limité par des surfaces planes symétriquement placées. Pour expliquer cette régularité dans la solidification, on admet que toutes les molécules prennent des mouvements parallèles, ce qui leur permet de se grouper suivant de petits solides de forme parallélipédique, dont l'assemblage par couches successives constitue le cristal. Haüy supposait que, dans le cas où les mouvements des parallélipipèdes élémentaires sont gênés en quelque point du cristal en formation, le manque de matière s'opère par voie de décroissement successif sur les angles ou sur les arêtes du prisme primitif, de façon à y ajouter de nouveaux plans qui modifient considérablement le type géométrique. On a bien soumis au calcul l'étude de la symétrie cristalline, mais la cause primordiale de cette fixité des formes, l'impulsion directrice ne nous sont pas encore dévoilées.

L'obscurité redouble lorsqu'on étudie le monde organisé, car, à l'arrangement voulu de particules matérielles il faut ajouter la nutrition de l'être vivant et sa reproduction. Un premier examen offre à l'imagination une variété, une opulence et une délicatesse de formes qui laissent bien loin derrière elles toute la géométrie des cristaux. Puis, quand on analyse au microscope les nombreux tissus qui composent le corps d'un animal complet, on est étonné de l'uniformité de leur structure. Ils consistent presque tous en un agrégat de cellules arrondies et fermées, renfermant un liquide, des grumeaux divers et un corps particulier ou noyau qui contient lui-même un liquide et un corpuscule appelé nucléole. Ces cellules élémentaires paraissent animées d'une vie propre et travaillent chacune suivant une loi bien déterminée. Dans certains tissus, elles se nourrissent et se multiplient aux dépens d'une substance interposée, comme le sang ou les produits de sécrétion ; dans d'autres, elles fournissent à cette substance les produits de leur sécrétion propre. Chaque espèce de tissu possède des propriétés spéciales dues à l'élaboration cellulaire ; chaque organe, composé de tissus, centralise le travail pour aboutir à une fonction particulière, toujours importante, qui concourt à la conservation ou même à l'accroissement et à la reproduction de l'individu.

Toutes ces opérations donnent lieu à une quantité variable de travail mécanique, faible pour les végétaux, notable chez les animaux. Est-il nécessaire, pour les expliquer, d'introduire la notion de force, et comment tant de forces élémentaires distinctes combinent-elles leur action pour imprimer à la vie individuelle son caractère d'harmonie et d'unité? C'est un grave problème qu'on ne peut utilement aborder qu'après s'être rendu compte des fonctions de relation de l'organisme le plus complet qui existe, celui du corps humain.

III

LES NERFS ET LES CENTRES NERVEUX. — LES MUSCLES.

Le système nerveux comprend les nerfs et les centres nerveux.

Les nerfs émanant du cerveau, du bulbe rachidien ou de la moelle épinière, par paires symétriques, sont des cordons constitués ordinairement par des filaments d'un blanc lacté, qui se subdivisent en ramifications de plus en plus ténues, à mesure qu'ils approchent de la périphérie ; ils sont spécialement destinés aux organes de la vie animale ou vie de relation. A côté de ces nerfs, blancs et nacrés, on en rencontre d'autres qui, à l'œil nu, en sont profondément distincts. Ils forment des cordons gris, transparents et délicats, d'apparence homogène, qui fréquemment affectent la disposition flexiforme. Ils communiquent les uns avec les autres par des cordons grêles qui sont formés de fibres nerveuses, translucides, difficiles à distinguer à l'œil nu ; sur leur trajet se rencontrent de nombreux ganglions. Ce sont les nerfs du grand sympathique, affectés aux fonctions de la vie organique, c'est-à-dire aux phénomènes de nutrition et d'accroissement des tissus et des organes, tandis que les nerfs lactés présideraient surtout à la sensibilité et au mouvement. Ainsi les fonctions générales du système nerveux sont complètement spécialisées et reçoivent des instruments d'exécution particuliers.

Une section faite dans un nerf proprement dit permet d'y découvrir un certain nombre de tubes accolés, maintenus par une gaine extérieure au faisceau et formée d'un tissu fibreux dit conjonctif. Chaque tube nerveux primitif est composé de trois éléments, une enveloppe, une substance intérieure demi-liquide, appelée moelle nerveuse ou myéline, et une fibre centrale excessivement ténue, le cylindre de l'axe ou cylindraxe. Si l'on examine ce tube sur sa longueur, après l'avoir isolé, on reconnaît que la myéline n'est pas continue, mais qu'elle forme une série de petits grains, de forme tronconique, disposés en chapelet, dans l'intervalle desquels émerge le cylindraxe ; au contraire, au voisinage des cellules nerveuses dont le tube émane, et près de sa terminaison, elle disparaît tout à fait, ce qui montre qu'elle n'est qu'un appareil de protection dans le trajet non fonctionnel du nerf. Les fibres nerveuses absolument dénuées de myéline constituent en général une forme élémentaire du cordon nerveux vecteur, et ne se rencontrent que chez les animaux inférieurs.

Les centres nerveux sont de deux ordres : les uns, contenus dans le canal rachidien et la boîte crânienne, qui n'est qu'une dépendance du rachis, sont les centres nerveux proprement dits. Mais sur le trajet des nerfs, entre leur point d'origine et leur terminaison, on trouve des amas particuliers de substance nerveuse qu'on appelle des ganglions, et qu'on doit considérer comme des centres nerveux périphériques. Ce sont même ces centres nerveux ganglionnaires qui paraissent les premiers chez les animaux inférieurs ; et chez les vertébrés, l'appareil contenu dans le canal rachidien et ses dépendances doit être considéré comme un appareil de perfectionnement organique. C'est dans le grand sympathique, le troisième des centres nerveux principaux, que les ganglions atteignent leur plus grand développement.

L'encéphale, prolongement de la moelle épinière dont il est l'épanouissement, comprend à la base du crâne la moelle allongée, à laquelle succèdent le pont de Varole et les deux pédoncules. Ceux-ci se séparent, puis s'élargissent en forme de voûte pour constituer deux hémisphères soudés ensemble suivant le plan de symétrie du corps humain ; les hémisphères présentent extérieurement des circonvolutions ou éminences arrondies, fluxueuses, ondulées et creusées profondément, qui se découpent, de chaque côté, en trois lobes principaux. Au-dessous d'eux et en arrière on distingue un organe plus petit, le cervelet, qui dessine des sillons courbes et parallèles, disposés concentriquement et qui, pénétrant à des profondeurs inégales, se découpent en segments, lames et lamelles. Deux substances, l'une blanche, l'autre grise, composent la masse nerveuse encéphalique. La première constitue la partie centrale du cerveau, ainsi que celle des lobes du cervelet, où elle se ramifie sous forme arborescente ; la seconde est comme l'écorce des hémisphères cérébraux et du cervelet, ce qui lui a valu le nom de substance corticale. Au reste ces matières ne se trouvent pas toujours séparées ; on rencontre la substance grise en divers lieux de la partie centrale de l'encéphale, et la surface corticale elle-même paraît formée de six couches alternativement blanches et grises. La partie blanche, plus ferme et plus consistante que la grise, est essentiellement constituée par des tubes nerveux primitifs, tandis que l'autre contient, outre des tubes nerveux, des éléments vésiculeux appelés corpuscules nerveux ou cellules nerveuses, teints en gris par un pigment particulier. Enfin la masse cérébrale, placée dans une boîte osseuse qui moule à peu près sa surface, est enveloppée de trois membranes dont la plus intérieure, la pie-mère, fine et demi-transparente, revêt exactement toutes les surfaces libres de l'axe cérébro-spinal et pénètre dans les anfractuosités de l'encéphale, en restant toujours en contact avec la substance nerveuse. La nutrition du cerveau s'opère au moyen de vaisseaux artériels et sanguins qui tapissent la paroi intérieure de la pie-mère et qui, sans pénétrer la substance grise, y portent des prolongements en repoussant devant eux, sans la déchirer, une membrane extrêmement fine, la membrana prima, qui est, en fin de compte, l'enveloppe de l'écorce grise.

Dans la moelle épinière, une section transversale montre la substance grise disposée en forme d'x dont le milieu correspond à l'axe du canal; chaque extrémité de l'x donne naissance à une racine nerveuse, de sorte qu'à droite comme à gauche émergent, au niveau de chaque vertèbre, deux racines, l'une antérieure, l'autre postérieure, qui viennent se rejoindre en un seul cordon. Les nerfs des racines antérieures sont moteurs, et les autres sensitifs.

De chaque côté de la colonne vertébrale on aperçoit, dans la gouttière que forme la concavité des côtes, une série de petits corps blanchâtres réunis par un cordon, comme les grains d'un chapelet, et desquels partent des nerfs dans plusieurs directions ; c'est la partie thoracique du système grand sympathique. Les petits corps sont des agglomérations de cellules nerveuses, ou des ganglions ; quant aux nerfs, ils vont se rendre, après des trajets très compliqués, sur les organes voisins. La double chaîne ganglionnaire porte d'ailleurs des prolongements jusque dans l'encéphale ; si l'on ajoute que des plexus nerveux anastomotiques en relient les deux côtés et que tout le système communique avec la moelle épinière par de nombreuses ramifications abordant les racines antéro-postérieures réunies, on aura une idée de l'effrayante complexité que présente l'appareil nerveux de la vie organique.

L'existence des cellules nerveuses caractérise tout centre nerveux. Nous allons décrire celles des cornes antérieures de la moelle épinière, en laissant de côté celles des ganglions, qui ont une structure plus simple.

Ces cellules, qui ont des prolongements extérieurs très nombreux ou radicelles, sont pourvues d'un, quelquefois de deux noyaux d'apparence vésiculeuse et renfermant chacun un ou deux nucléoles brillants. Tout autour du noyau, le corps de la cellule est formé par une masse granuleuse de protoplasma, laquelle envoie à la périphérie de l'élément anatomique des prolongements arborisés plus ou moins nombreux, appelés prolongements protoplasmiques principaux. Ces appendices, d'épaisseur variable, parfois aplatis et rubanés, ne tardent pas à se diviser eux-mêmes en prolongements secondaires de plus en plus grêles par une série de bifurcations en Y ; il en résulte qu'à une certaine distance les prolongements protoplasmiques sont devenus extrêmement grêles, qu'ils se rompent avec la plus grande facilité, et que leur mode de terminaison est difficile à saisir. Il est vraisemblable qu'après s'être ramifiés, ils vont s'anastomoser avec leurs similaires provenant de cellules multipolaires voisines ou éloignées. Quoi qu'il en soit, la masse protoplasmique qui constitue la cellule nerveuse ne possède aucune membrane d'enveloppe et se trouve noyée dans le pigment gris qui donne sa couleur à l'ensemble.

Entre tous ces prolongements extérieurs du corps cellulaire, il en est un qui présente une importante particularité, c'est celui du cylindraxe. On le voit prendre naissance au voisinage du noyau par une sorte d'éminence conique, formée par un soulèvement de la substance de la cellule ; à une courte distance de ce cône, il devient régulièrement cylindrique et se poursuit ainsi, sans changer de volume. Parvenu à une certaine distance de son point d'origine, il se recouvre d'une gaine de myéline et entre ainsi dans la composition d'un tube nerveux. Dans les centres nerveux, ces tubes occupent une large place, puisqu'ils constituent par leur agglomération la substance blanche ; ils ne présentent dans leur continuité rien qui ressemble aux étranglements annulaires des nerfs périphériques. Ils sont donc, au point de vue morphologique, essentiellement différents de ceux des cordons nerveux proprement dits.

Cette structure de la cellule de la moelle épinière est à peu près celle de la cellule des ganglions ; quand elle reçoit deux ou plusieurs cylindraxes, l'un d'eux la traverse complètement, et les autres viennent s'y souder à nu. Mais les cellules du cerveau d'où émergent directement les cylindraxes des nerfs sensitifs présentent une organisation spéciale. Une fois entré dans la cellule, le cylindraxe se subdivise en une foule de fils très fins formant un faisceau conique, qui se redressent ensuite parallèlement les uns aux autres pour se terminer, autour du noyau, en un réseau très compliqué ; cette disposition se retrouve, dans les cellules motrices qui leur correspondent, pour le cylindraxe du tube des nerfs du mouvement.

De même qu'il existe des nerfs sensitifs destinés à porter dans les centres les impressions perçues à la périphérie, et des nerfs moteurs dont le rôle est de transmettre le mouvement aux muscles, de même on rencontre, à côté des cellules sensitives recevant les nerfs de la première catégorie, d'autres cellules dites motrices qui sont en correspondance avec elles. On peut donc se figurer que les cellules grises sont conjuguées, c'est-à-dire qu'à chaque cellule du premier ordre est accouplée une cellule du second. L'excitation partie du dehors est d'abord transmise à la cellule sensible de la moelle épinière qui l'envoie en trois endroits différents : 1° à une cellule sensible de l'encéphale, avec parcours vers le muscle par l'intermédiaire de la cellule conjuguée ; 2° à une cellule sensible d'un ganglion du grand sympathique, puis à sa conjuguée et à un muscle interne ; 3° à la conjuguée de la cellule de la moelle et de là au muscle que le cerveau tendait à faire mouvoir.

Il résulterait de ces liaisons : 1° que tout mouvement ayant pour origine une excitation périphérique est commandé par le cerveau et que, par conséquent, il est conscient et volontaire ; 2° que ce mouvement, au cas de suppression de la communication avec l'encéphale, pourrait être purement réflexe, c'est-à-dire ordonné directement et d'une façon inconsciente par la moelle épinière ; 3° que suivant l'intensité de l'action sensitive, le sympathique entre en jeu, et qu'il est susceptible de déterminer des mouvements internes en harmonie avec le précédent. Toutefois les choses se passent rarement avec cette apparente simplicité. Il est probable d'abord que les cellules grises sensibles des hémisphères cérébraux sont reliées de proche en proche de façon à ce que la transmission de l'impression se propage à un certain nombre d'entre elles avant d'aborder une cellule motrice, ce qui donnerait lieu à des opérations de l'ordre intellectuel. D'autre part, les excitations périphériques peuvent être multiples et simultanées, et si l'une d'elles l'emporte notablement en intensité sur les autres, c'est d'elle seule que nous avons ordinairement conscience et c'est à elle que se rapporte le mouvement. Enfin, les mêmes excitations, souvent répétées, engendrent le mouvement habituel ou instinctif, qui paraît se produire sans intervention de l'organe de la pensée, c'est-à-dire par voie réflexe. Quant au rôle du grand sympathique, il est plus obscur encore, et ne se dessine que dans le cas de fortes excitations périphériques ; l'existence et l'intervention incessante des nerfs d'arrêt ajoutent encore aux difficultés d'analyse des phénomènes de cette provenance. D'une manière générale, l'excitation des nerfs moteurs amène des mouvements directs par contraction des muscles auxquels ils se rendent ; mais on trouve exceptionnellement des fibres sensitives dont l'excitation arrête des mouvements déjà en action, et des fibres centrifuges qui se rendent à des muscles, et qui cependant, au lieu de les faire contracter, les arrêtent tandis qu'ils se contractent déjà. Ces nerfs appartiennent au pneumogastrique qui sort du crâne et se distribue au larynx, à l'œsophage, aux poumons, au cœur, au foie et à l'estomac. Si l'on excite ce nerf dans la région moyenne du cou, on constate qu'aussitôt le cœur cesse de battre pendant quelque temps, puis que les battements recommencent, alors même que l'excitation continue ; le cœur a été momentanément paralysé. Si, d'autre part, on coupe le nerf en travers, les battements du cœur s'exagèrent beaucoup en rapidité. Pareille excitation peut venir du centre nerveux encéphalique lui-même, qui commande alors un arrêt du cœur par l'intermédiaire du pneumogastrique. Elle se produit également par voie réflexe : il n'est pas rare qu'une très vive douleur amène la syncope. L'action du même nerf sur l'appareil pulmonaire n'est pas moins facile à constater, car, en l'excitant directement en un point déterminé, on arrête la respiration.

Le grand sympathique, d'ailleurs étroitement relié au reste du système nerveux, produit des sécrétions et des mouvements. Il tient les nerfs vaso-moteurs sous sa dépendance, et la faculté qu'il possède ainsi de rétrécir ou d'élargir l'appareil vasculaire, combinée avec l'action du pneumogastrique sur le cœur et les poumons, explique toutes les modifications, tous les troubles que la circulation du sang est susceptible d'éprouver à la suite d'impressions sensorielles ou d'excitations internes. C'est ainsi que, comme répercussion de commotions psychiques violentes, on enregistre des accidents nerveux qui se traduisent par une sueur réflexe avec refroidissement de la peau, par l'anémie cérébrale, l'arrêt du cœur, etc.

Au point de vue psychologique, il est très important de se rendre compte des phénomènes variés qui résultent de l'activité simultanée de plusieurs centres nerveux. Ainsi que nous l'avons dit, le mouvement tend à suivre l'excitation presque immédiatement et d'une façon instinctive ; mais il est rare qu'il ne se passe pas en même temps dans le cerveau un travail intellectuel qui peut le modifier, l'arrêter ou même le remplacer par un autre diamétralement opposé ; c'est un effort volontaire. L'homme que l'on dit être maître de ses impressions, est celui dont le cerveau réagit assez vite pour réprimer les manifestations instinctives ou involontaires. Mais si une préoccupation quelconque fixe notre attention et détourne à son profit l'activité cérébrale, la même excitation périphérique qui, dans le cas précédent, était restée sans effet parce que l'influence du cerveau pouvait s'exercer librement, va produire le mouvement réactionnel. Ici la volonté n'a pu intervenir à temps, l'attention étant fixée ailleurs ; tout s'est passé comme si la communication nerveuse avec le cerveau avait été interrompue. Pendant le sommeil, l'élaboration cérébrale étant sinon nulle du moins très ralentie, l'action réflexe s'exerce en toute liberté. Le retour à l'état de veille correspond au retour de l'excitabilité centrale.

En somme, il existe entre les différentes parties du système nerveux central des rapports de subordination tels que l'un de ces appareils ne saurait être soumis à une activité exagérée, sans que le fonctionnement régulier de tous les autres soit compromis d'une façon plus ou moins sérieuse, plus ou moins durable. C'est la sensibilité qui donne l'impulsion aux mécanismes pour les faire entrer en fonction, et grâce aux liaisons des diverses parties, il s'établit normalement une solidarité dans le travail, qui se traduit par l'harmonie et l'unité de toutes les collaborations.

Les nerfs sont ou sensitifs ou moteurs, c'est-à-dire que les uns portent aux centres nerveux les impressions perçues à leurs extrémités périphériques, et que les autres transmettent aux muscles la force motrice développée dans ces centres à la suite de la première opération. Les nerfs de la première catégorie sont en conséquence appelés centripètes, et ceux de la seconde centrifuges ; toutefois l'anatomie ne découvre aucune différence de structure entre eux. Le sens de la transmission est d'ailleurs invariable ; les centres ne créent aucun courant du côté des nerfs sensitifs, et les muscles ne réagissent pas sur les centres par l'intermédiaire des nerfs moteurs. Selon quelques auteurs, les expériences de greffe animale qu'on oppose à cette loi ne démontrent rien, et trouvent leur explication dans les règles ordinaires de la physiologie. Toutefois on constate que, dans des cas bien étudiés d'hallucination, le sens de transmission de l'agent nerveux se trouve franchement renversé. L'hallucination peut affecter indifféremment tous les sens ; mais c'est l'organe de la vue qui nous en offre les plus frappantes manifestations. Lorsqu'un sujet halluciné croit voir un objet qui n'existe que dans son imagination, l'image s'imprime réellement sur la rétine, comme si la perception venait de l'extérieur, mais elle n'a pu se former ainsi que par un cheminement centrifuge du fluide nerveux le long des fibres sensitives correspondantes. Le plus souvent cette apparition fantastique n'est que la reproduction d'une perception normale antérieure dont le souvenir se serait fortement gravé dans les cellules grises du cerveau.

Il existe d'autre part un ordre curieux de phénomènes de sensibilité nerveuse, qui impliquent une dualité de fonctions dans un grand nombre de filets nerveux. Si l'on coupe une racine antérieure de la moelle épinière d'un mammifère, c'est seulement en excitant le bout périphérique qu'on fait crier l'animal, et toute sensibilité disparaît aussitôt que l'on a sectionné la racine postérieure correspondante. Les racines antérieures jouissent donc d'une sorte de sensibilité qu'on a appelé récurrente, et qu'elles reçoivent de la périphérie par les racines postérieures, et non des parties centrales par la moelle. En outre, des filets nerveux récurrents associent, à la périphérie, non seulement les nerfs sensibles aux nerfs moteurs, mais encore les nerfs sensibles entre eux. C'est en raison de cette dernière association, que la sensibilité persiste dans le territoire d'un nerf centripète sectionné, et que les nerfs de la peau constituent une véritable surface ininterrompue.

Il y a par conséquent des réserves à faire quand on dit qu'un même filet nerveux est exclusivement sensitif ou moteur, et que le sens de la transmission du fluide nerveux est invariable pour un nerf donné.

C'est en agissant sur l'appareil musculaire que les nerfs moteurs donnent naissance à tous les mouvements du corps. Si l'on examine un muscle de la vie animale ou de relation, on y découvre des faisceaux parfaitement distincts, qu'on appelle faisceaux striés, parce qu'ils présentent des stries transversales très rapprochées ; ces faisceaux sont eux-mêmes formés d'éléments plus déliés, qui portent le nom de fibres primitives ou fibrilles. Les fibrilles qui composent un faisceau primitif sont réunies entre elles par une substance amorphe et contenues dans une enveloppe élastique, nommée myolemme. L'apparence striée des faisceaux primitifs est due à une multitude d'ondulations très fines qu'offre chaque fibrille.

Les muscles de la vie organique, excepté ceux du cœur qui appartiennent au système précédent, ne présentent pas de faisceaux primitifs ; les fibrilles sont indépendantes et paraissent parfaitement lisses, et leurs dimensions sont très petites. En somme les muscles sont disposés pour deux modes distincts de la contraction : 1° le mode brusque, qui a pour agent la substance contractile striée ; 2° le mode lent, dévolu aux éléments musculaires dépourvus de striation transversale.

La terminaison d'un nerf moteur dans un muscle s'opère dans une espèce de cuvette allongée pratiquée sur le corps du faisceau primitif. Avant de rejoindre ce dernier, l'élément nerveux conducteur est réduit à son seul cylindre d'axe dépourvu de myéline. Ce cylindraxe se divise en un certain nombre de branches pour se terminer par des extrémités libres. Le faisceau musculaire primitif peut être théoriquement considéré comme une cellule à noyaux multiples noyés dans du protoplasma. C'est au sein de cette substance que viennent se distribuer les branches nerveuses, mais aucune d'elles ne se rend dans un corps cellulaire distinct pour constituer sa terminaison individuelle.

Les muscles ont des dimensions très variables, et sous ce rapport on les distingue en muscles longs, larges et courts. Les mouvements contractiles font diminuer leur longueur de 1/3 à 1/4, mais le volume de la masse reste invariable; autrement dit, elle gagne en largeur et en épaisseur ce qu'elle perd en longueur. La contraction des fibres musculaires active leur nutrition; elles s'échauffent et s'oxygènent en dégageant une quantité d'acide carbonique en rapport avec le travail produit.

Tout le monde a pu constater jusqu'à quel point la continuité de l'exercice donne au système musculaire de l'ampleur, de la force et de la souplesse. Cette observation s'étend à toutes les parties de l'organisme. On a reconnu que les dimensions des cellules motrices et sensitives des centres nerveux sont, chez l'homme, en raison directe de la distance qui les sépare, d'une part de l'organe périphérique qu'elles innervent, et de l'autre, du centre cérébral qui est le point de départ des actions excito-motrices et des impressions sensitives; en d'autres termes, la grosseur des éléments multipolaires est proportionnelle à leur portée physiologique. Ainsi les nerfs opposent à la circulation du fluide sensitif ou moteur une résistance qui croît avec leur longueur, et les cellules, au lieu de fonctionner comme de simples agents de transmission du mouvement, emmagasinent la force nerveuse et la distribuent à l'instar de véritables régulateurs. En particulier, l'activité psychique aboutit à un résultat semblable, et c'est à son intensité toujours plus grande que nous devons l'accroissement, en nombre et en grosseur, des cellules sensibles de l'encéphale, et la remarquable perfection de l'appareil cérébral tout entier.

La substance corticale des hémisphères est, sans conteste, le foyer du travail mental. Toutes choses égales d'ailleurs, l'intelligence est en rapport intime avec son développement superficiel et, par conséquent, avec la richesse des plis ou circonvolutions; elle s'accuse principalement par le nombre et la profondeur des sillons des lobes frontaux. On pense généralement que les facultés de l'âme sont localisées dans le cerveau, mais les faits d'observation ne sont pas encore assez nombreux pour permettre de préciser cette localisation. Pour ne citer que les mieux établis, nous dirons que le docteur Broca a prouvé que l'aphasie ou perte de la parole provient toujours d'une lésion ou atrophie de la troisième circonvolution frontale du côté gauche. D'autre part, les expériences de M. le docteur Charcot paraissent démontrer qu'il existe, dans l'écorce cérébrale, une zone motrice comprenant plusieurs centres dont trois, déjà, seraient exactement repérés; ces trois centres correspondent aux mouvements de la face, des membres supérieurs et des membres inférieurs. C'est grâce à la certitude d'une corrélation de cette nature, qu'on a pu trépaner un malade atteint de convulsions épileptiformes, et faire l'ablation d'une tumeur cérébrale logée précisément à l'endroit marqué par la science comme centre des troubles pathologiques.

Les fonctions du cervelet, toutes physiologiques, sont imparfaitement connues ; on sait que, de concert avec l'appareil moteur, il règle la coordination des mouvements, mais, malgré l'affirmation absolue de Gall, il est douteux que cet organe préside en même temps aux fonctions génératrices. La protubérance annulaire semble être le siège des sensations brutes, c'est-à-dire de celles qui ne donnent lieu à aucune idée. Enfin on a constaté que les lésions des pédoncules cérébelleux produisent des mouvements de rotation du corps.

En tant qu'il s'agit du corps humain, une lésion quelconque des hémisphères a toujours un retentissement psychologique, et amène la mort dès qu'elle offre une certaine gravité. Beaucoup de vertébrés, au contraire, survivent à l'ablation d'un ou même des deux hémisphères. Dans le premier cas, l'activité cérébrale n'est pas anéantie, mais la capacité intellectuelle ne reste pas dans sa plénitude, en ce sens que la fonction s'épuise plus promptement que lorsque le cerveau est entier. Dans le second, l'animal n'effectue plus que des mouvements automatiques se produisant sous l'influence d'impulsions extérieures ; un pigeon ainsi mutilé, qu'on projette en l'air, vole jusqu'à la rencontre d'un obstacle ; il mange si l'on introduit de la nourriture dans son bec; mais il ne pourra ni se mouvoir, ni se nourrir de son propre mouvement. Il semble toutefois résulter des célèbres expériences de Flourens sur cette matière, que les corps striés, épanouissement immédiatement supérieur de la moelle épinière, viennent au bout de quelque temps suppléer, dans une certaine mesure, aux fonctions spéciales des hémisphères.

Notre encéphale est remarquable quand on le compare à celui des autres vertébrés ; sa hauteur verticale exceptionnelle et ses lobes frontaux accusent une richesse de plis et une complication qui sont visiblement en rapport avec la supériorité de notre intelligence. Son poids, qui est en moyenne de 1,405 grammes pour l'Européen adulte, varie de 2,000 à 1,000 grammes; mais quand on arrive à ces limites extrêmes, on se trouve en présence de cas tératologiques ; chez les simiens supérieurs, le gorille par exemple, il ne dépasse pas 475 grammes. En outre, le nombre des circonvolutions diminue à mesure qu'on descend l'échelle animale; tandis que, chez les anthropoïdes, on les trouve au complet, quoique moins profondément creusées que chez nous, chez les ouistitis elles font absolument défaut.

Les difficultés qu'on éprouve à faire des études sur l'encéphale et l'impossibilité où l'on se trouve la plupart du temps de se procurer des têtes complètes, ont engagé les anthropologistes à chercher sur le crâne même les caractères distinctifs des races humaines. Chacun a proposé un mode particulier de mensuration, et ce n'est pas ici le lieu de les relater, ni d'entrer dans la discussion de leur valeur relative. On s'est entendu seulement sur la concordance des indications que fournit, soit la longueur du crâne comparée à sa largeur, soit le degré plus ou moins grand de saillie que présentent les maxillaires; aussi la désignation de dolichocéphale et de brachycéphale, de prognathe et d'orthognate est-elle universellement adoptée. Pour ceux qui se contentent d'un examen très superficiel, et qui tiennent à se rendre compte de prime abord de l'importance relative de la face et du cerveau, Camper a donné comme mesure l'angle facial, qui varie de 90° à 60° pour les diverses races d'hommes. Cet angle s'éloigne peu de 78° dans les pays les plus civilisés; il s'abaisse jusqu'à 30 ou même 25 degrés chez le singe. Enfin on a, dans le même but, proposé l'angle sphénoïdal qui paraît plus en rapport avec la conformation dentaire, mais qu'il est plus difficile d'apprécier que le précédent sur l'homme vivant.

Le cerveau s'accroît avec le travail et l'activité dont il est le siège. Les plus anciens crânes humains que l'on ait déterrés sont remarquablement petits; ceux qu'ont mis au jour les fouilles entreprises dans des cimetières de Paris remontant à quelques siècles se trouvent uniformément moins grands que ceux des Parisiens actuels; et, des constatations faites sur la présente génération, il résulte que la tête de l'étudiant est plus volumineuse que les autres. On peut donc poser en principe que le développement de cet important organe a suivi toutes les phases de l'élaboration intellectuelle et que, par une série continue d'actions et de réactions, notre corps et notre âme n'ont pas cessé de s'entr'aider dans la voie du progrès.

IV

LES PRINCIPES IMMÉDIATS ET LES ÉLÉMENTS ANATOMIQUES. — L'OVULE ET LA CELLULE GRISE.

Tous les corps organiques, analysés par la chimie, se réduisent à l'état de corps simples comme la matière brute, et donnent spécialement du carbone, de l'azote, de l'oxygène, de l'hydrogène, du phosphore, du soufre, du fer, du calcium, du sodium et du silicium. Nous pouvons, dans nos laboratoires, faire la synthèse des 77 corps simples connus, et produire une infinie variété de composés appartenant au monde inorganique ; mais quand il s'agit de la constitution matérielle des êtres animés, la combinaison des corps simples entre dans le domaine physiologique, pour former ce qu'on appelle assez vaguement des principes immédiats. Ces composés, déjà complexes par leur composition chimique, et par le mode d'agrégation de leurs molécules, s'associent entre eux pour donner lieu aux éléments anatomiques dont la cellule est le type.

Depuis quelque temps déjà, on reproduit artificiellement quelques principes immédiats, tels que l'urée et certains alcalis naturels; mais c'est vainement qu'on chercherait à créer de toutes pièces l'élément anatomique où le protéisme de la structure se complique du principe de vie. C'est là, en effet, qu'il faut, en dernière analyse, placer le siège de la force active et directrice qui donne une élaboration spéciale à chaque tissu, une fonction à chaque organe, et aboutit au mystérieux phénomène de l'existence individuelle.

Les principes immédiats sont caractérisés par une sorte d'homogénéité qui consiste dans l'uniformité de composition de leurs molécules et dans un mode régulier de leur groupement; mais ce serait une erreur de croire que leur génération s'opère au moyen d'autres principes immédiats, simples ou mélangés, elle est toujours due à des éléments anatomiques préexistants. Ceux-ci, combinaisons de principes immédiats, sont déjà de petits systèmes organiques complets, aussi variables par la structure de leurs différentes parties, que par la composition chimique des divers points de la masse ; ils peuvent être fluides ou solides, constituer des corps durs comme les os, ou des individus isolés, tantôt noyés dans des liquides, tantôt enveloppés d'une gangue spéciale. C'est la dernière parcelle à laquelle on puisse, par simple dissociation, sans destruction physique ou chimique, ramener les tissus.

En général la cellule engendre d'autres cellules, en vertu de la propriété qu'elle possède de se nourrir et de disposer des matériaux en excédent de la nutrition ; mais son rôle ne se borne pas à un voisinage et beaucoup d'entre elles sécrètent des matières liquides ou semi-liquides destinées soit à être évacuées, soit à passer au moyen d'appareils circulatoires dans toute l'économie pour en assurer le fonctionnement. Enfin quelques tissus, quoique dérivés originairement d'une simple cellule, présentent un aspect qui n'est rien moins que cellulaire ; tels sont les tissus conjonctifs, de forme fibrilaire et fluxueuse, les fibres musculaires et les cylindraxes des nerfs. Pour que ces filaments, souvent très longs, puissent prendre naissance dans le germe et se développer à travers une quantité innombrable de cellules, il faut que non seulement celles-ci soient groupées sur leur trajet d'après leur similitude, mais encore qu'elles s'y trouvent orientées de telle sorte que la portion de fibre issue d'une cellule-mère corresponde exactement et bout à bout à celle qui provient de la cellule voisine. A cet égard, l'embryogénie fournit à l'histologie de précieuses indications.

Deux espèces de cellules sont remarquables entre toutes dans le corps humain ; ce sont : l'ovule et la cellule grise des centres nerveux.

Tous les mois il se développe, à la surface de l'ovaire de la femme, une vésicule de Graaf, ampoule aux minces parois à l'intérieur de laquelle nage, dans un liquide clair, un corpuscule albumineux qu'on appelle ovule. La vésicule éclate au moment de la menstruation, et livre passage à l'ovule qui tombe dans l'étroit canal de l'oviducte et se rend dans l'utérus. Cet œuf minuscule n'est alors qu'une simple cellule mesurant à peine $\frac{1}{10^e}$ de millimètre de diamètre ; mais on y distingue très bien au microscope le protoplasma ou vitellus, la vésicule germinative ou noyau, la tache germinative ou nucléole, le tout enveloppé d'une membrane cellulaire que traversent de part en part une infinité de canalicules poreux allant de la surface au centre.

Dans l'oviducte ou dès son arrivée dans l'utérus, l'ovule subit le contact des spermatozoïdes de l'organe mâle, qui s'y fraient un passage à travers les canalicules poreux et se dissolvent dans le protoplasma. Aussitôt le petit œuf perd son noyau pour se transformer en une simple monère, et le vitellus, comme travaillé par une force nouvelle, se meut lentement et se déforme en roulant sur lui-même ; c'est le moment où s'opère l'œuvre mystique de la fécondation. Mais la cellule ne tarde pas à se reconstituer ; le noyau reparaît avec son nucléole et l'on assiste à sa segmentation. Un sillon se dessine au niveau du nucléole, et gagne bientôt la vésicule germinative et le protoplasma. De cette première scission résultent deux cellules qui se subdivisent à leur tour pour en former quatre, puis huit, seize, trente-deux, etc., jusqu'à ce que l'œuf soit ramené à une sphère granuleuse ressemblant à une mûre ; on l'a, pour cette raison, désigné à cette phase sous le nom de morula.

A cet état de division, les cellules sont groupées en deux catégories bien distinctes. Celles de la première, enveloppant celles de la seconde, formeront les organes de la vie animale, la peau, les muscles, le système nerveux ; les autres, plus libres ou désagrégées, nombreuses et plus fortes de taille que les premières, serviront à constituer les organes de la vie végétative, les voies digestives et respiratoires, les organes sécréteurs. Mais l'activité embryonnaire est incessante, et la morula va devenir le blastoderme.

Au centre de l'œuf apparaît un liquide clair qui refoule progressivement les cellules, les force à s'unir plus étroitement, à s'étendre et à s'aplatir au point de ne plus former que deux tissus superposés. Le feuillet extérieur ou exoderme représente les téguments, et le feuillet intestinal ou entoderme représente la cavité viscérale. Cette poche digestive, que Hæckel distingue sous le nom de gastrula, constitue l'état d'un grand nombre de zoophytes à leur naissance, et pour plusieurs c'est l'état parfait; mais chez l'homme et les animaux supérieurs, le stade de la gastrula n'est qu'une forme essentiellement transitoire.

Au milieu du blastoderme, et au centre d'une petite tache blanche constituant l'aire germinative, apparaissent de fines cellules qui sont le rudiment du corps de l'embryon. Pendant cette multiplication cellulaire, un liquide s'épanche entre la vésicule blastodermique et l'enveloppe primitive de l'ovule et opère le dédoublement en quatre des deux feuillets germinatifs. Puis, au milieu du germe, se creuse une fente linéaire désignée sous le nom de sillon médullaire ou dorsal. Tout autour de cette gouttière, un bourrelet se produit à la suite d'un léger froncement du feuillet superficiel dont les deux bords, en venant se souder par dessus, dessinent un cordon cylindrique ou chorde dorsale, premier indice de l'axe vertébral. C'est vers le quinzième jour après la fécondation que s'accomplit cette différenciation remarquable.

La moelle épinière commence bientôt à se montrer

sous la forme d'un trait blanc dans le sillon médullaire et, de chaque côté se superposent régulièrement de petites pièces carrées qui représentent les vertèbres. Enfin l'embryon jusqu'alors privé de tête, devient un véritable crâniote par le renflement de l'extrémité supérieure de la moelle, où apparaissent successivement cinq ampoules d'où sortira le cerveau.

Peu après on distingue l'œil et l'oreille, puis les arcs branchiaux destinés à devenir plus tard des poumons, les mâchoires, les membres, le foie, le cœur, l'intestin, etc. Nous ne poursuivrons pas plus loin cet examen du fœtus qui se perfectionne et se complète neuf mois durant au sein de l'utérus. Nous avions surtout pour but de montrer que l'ovule fécondé ne diffère pas, au début, d'une simple cellule, qu'il perd son noyau pour devenir Monère, qu'il se subdivise comme elle, pour présenter à nos yeux le sac digestif du Polype, la chorde dorsale de l'Ascidie, l'axe nerveux de l'Amphioxus, les branchies du Poisson ; nous pouvons ajouter qu'il revêt l'allantoïde et l'amnios des Vertébrés supérieurs et le placenta des Mammifères. Ainsi l'homme passe, pendant la gestation, par toutes les phases du règne animal ; il possède jusqu'à une queue qui ne s'atrophie qu'à l'heure de son achèvement dans l'œuf ; et, comme par réminiscence d'un état inférieur, il reste hermaphrodite pendant plusieurs semaines, et ne devient sexué que par rétrocession d'un appareil génital et par développement de l'autre. Quelles preuves plus convaincantes peut-on apporter à l'appui de la descendance animale de notre espèce, que celles que nous offre l'évolution fœtale où se déroule tout notre passé zoologique ?

Le nucléole de l'ovule paraît être, comme dans toute cellule complète, le centre d'action de ses métamorphoses. Quand on l'examine au microscope, on y découvre un filament caractéristique qui, à en juger par ses mouvements, serait véritablement et en dernière analyse l'élément actif et directeur de l'évolution. Pendant la première bipartition de la cellule ovulaire fécondée, le filament nucléaire se fragmente en bâtonnets qui s'orientent, en groupes égaux, aux deux pôles des deux nouvelles cellules, pour leur constituer de nouveaux noyaux. Chacun de ces deux noyaux renferme donc la moitié de la substance du filament du noyau primitif, et le même acte se répète à chaque génération cellulaire ; en sorte qu'il n'est pas un noyau dont le filament nucléaire ne soit une partie du filament nucléaire du noyau du germe, formé des éléments mâle et femelle et simplement accru par la nutrition. Il semble dès lors démontré que les organismes dérivant successivement d'une souche unique y sont reliés par une matière héréditaire primordiale qui, par une divisibilité prodigieuse, assure sa transmission à un nombre indéfini de générations.

Le spermatozoïde, cellule à laquelle un cil vibratile imprime de très vifs mouvements, doit également posséder un filament nucléaire (ᵇ). La fécondation consiste dans l'union de deux noyaux et, très probablement les filaments mâle et femelle se recherchent, se combinent ou se soudent de façon à donner lieu à un filament unique qui prend la direction des métamorphoses ultérieures. L'être issu de cette fusion ressemble le plus ordinairement à ses parents, mais quelquefois aussi à ses grands ou arrière-grands-parents, circonstance qui confirme l'existence d'une matière héréditaire indéfiniment transmissible.

On s'ingénie beaucoup aujourd'hui à déterminer par des faits d'observation les lois de l'hérédité, mais la pénurie des résultats montre assez les difficultés de cette étude. On sait bien, et depuis longtemps, que les caractères héréditaires affectent une certaine indépendance les uns par rapport aux autres, et qu'il en est qui peuvent disparaître sans que d'autres soient affectés ; les lois qui président à ces anomalies sont encore à trouver, de même que le rôle que joue dans la fécondation chaque partie du corps cellulaire. On a imaginé, sous le nom de gemmules ou de pangènes, des particules isolées de matière vivante, aussi variées et nombreuses que les caractères héréditaires, et représentant ces caractères même, et l'on a essayé de les rapporter au noyau ou au protoplasma dans des proportions variables. Cette tentative audacieuse n'aboutit qu'à l'énoncé d'hypothèses purement gratuites qu'on aura de la peine à justifier par des faits d'expérience. L'embryon des premiers jours est hermaphrodite ; quelle est la cause qui le rend sexué ? Doit-on admettre la prépondérance de l'un des germes mâle ou femelle, ou bien un simple accident de gestation ? La loi des sexes, comme l'a appelée Flourens, existe-t-elle pour toutes les espèces ? Les éleveurs ont remarqué que le produit d'une jument, à son premier rut, est toujours un poulain, que le sexe change au rut suivant, et que cette alternance se répète indéfiniment. Des deux œufs de la ponte d'un pigeon, l'un est mâle, l'autre femelle, et le mâle est toujours le premier à éclore. Dans les nichées de chardonnerets, pinsons, rossignols, etc., sur cinq œufs éclos, il y aura toujours une femelle, rarement deux. Par contre, la variété des sexes, dans notre espèce, échappe à toute combinaison ; il est seulement établi que l'homme et la femme se multiplient en proportion à peu près égale, et que s'ils sont transportés dans un milieu très différent de celui où ils ont prospéré, leurs produits accusent une différence à l'avantage du sexe féminin.

Les cas de forme tératologique ne sont pas faits pour apporter la lumière dans l'explication des phénomènes de la fécondation et de la gestation. Une émotion fugitive, un trouble quelconque ont leur effet immédiat sur ces éléments anatomiques qui ont le privilège de servir à la formation d'un être nouveau et, par là même, peuvent laisser leur trace sur l'histoire entière de cet être. Une difformité chez l'un des deux parents s'implante souvent sur le rejeton, et quelquefois affecte plus spécialement l'un ou l'autre sexe. Ainsi nous connaissons une famille où, de génération en génération, tous les garçons ont à chaque main un doigt surnuméraire, les filles restant indemnes de cet appendice superflu. On a d'ailleurs constaté qu'à la longue les difformités disparaissent, tandis que d'autres naissent sans qu'on puisse les attribuer à aucune cause.

Il est certain que des femelles peuvent pondre, tout en restant vierges, et engendrer des êtres nouveaux, sans aucune intervention de l'élément mâle. C'était même là le seul mode de génération des premiers âges zoologiques. Mais il n'en reste pas moins acquis que l'élément mâle doit intervenir de temps en temps pour ramener le germe femelle à des formes primordiales et constantes, c'est-à-dire pour fixer l'espèce. Ce résultat ne s'obtient qu'à condition que le spermatozoïde et l'ovule soient composés d'éléments semblables chacun à chacun, et l'on a précisément enfermé l'espèce dans les limites de différenciation qui permettent encore la reproduction indéfinie du type. Lorsqu'on marie ensemble deux individus d'espèce différente, mais rapprochée, l'union peut être féconde et donner lieu à des produits hybrides; mais l'accouplement des hybrides est ordinairement stérile, et quand il est fécond, toute trace d'hybridation disparaît dans les descendants au bout de quelques générations, qui retournent franchement à l'une des deux espèces primitives. Il en est tout autrement des races, qui se perpétuent par le croisement, et dont les modifications ainsi obtenues sont mises à profit par les agriculteurs pour améliorer les plantes et les animaux. Toutefois nous ne saurions admettre avec l'un de nos plus éminents anthropologistes qu'il y a dans chaque espèce organique — un quelque chose — qui l'isole des autres et lui permet de traverser de longs siècles en restant identique à elle-même. Est-ce bien un argument sérieux à produire à l'appui de cette thèse, que d'avancer que l'homme, plus puissant que la nature, a fait des races en foule, et n'a pas fait une seule espèce? Nous n'entreprendrons pas ici de discuter une question qui touche au transformisme; nous nous bornerons à faire remarquer que l'*homme* n'est qu'un des innombrables ouvriers qu'emploie la *nature* pour arriver à ses fins, et que le privilège de la raison ne peut nous autoriser à placer ces deux termes en état de flagrante antinomie.

Si la constitution de l'ovule soulève tant de problèmes pour la plupart insolubles, celle de la cellule grise des centres nerveux et spécialement de l'encéphale nous laisse dans une ignorance bien plus complète encore. A la façon de quelques autres, la cellule grise ne travaille matériellement que pour elle-même, c'est-à-dire qu'elle se contente de sécréter la substance qui doit la nourrir, et de se débarrasser, en les rendant au sang veineux ou à la lymphe qui les emportent au dehors, des produits devenus inutiles ou nuisibles. Mais son activité dynamique lui assigne un rôle qui la distingue entre tous les autres éléments anatomiques. Constamment en relation avec les nerfs qui la traversent ou y aboutissent, elle est incessamment sillonnée par un flux ou courant dont elle retient une portion, et dont elle répartit le reste dans une proportion calculée, soit entre d'autres cellules, soit entre les ramifications nerveuses qu'elle commande. Dans les centres nerveux secondaires, tout se passe d'une façon relativement simple, c'est-à-dire que les cellules ganglionnaires se borneraient à une distribution de force vive sans en rien retenir; et quoique certains auteurs prétendent que les cellules grises du cœur créent véritablement du mouvement, nous pensons qu'elles empruntent leur activité aux cellules formant les parois de cet organe, ou bien au sang dont elles subissent largement le contact. Au reste, on a expliqué les contractions et les dilatations du cœur par le jeu même des veines des ventricules, lesquelles, en laissant échapper le sang d'un même côté, développent une force de sens contraire qui tend à ramener l'organe du côté opposé.

En somme, ainsi que nous l'avons expliqué au chapitre précédent, l'encéphale communiquant directement ou indirectement avec tout le reste du système nerveux, reçoit, plus ou moins affaiblis, les courants qui en émanent ; c'est le centre véritablement actif et régulateur auquel il faut rapporter le principe directeur de la vie. Tandis que les ganglions ne possèdent qu'une existence végétative qui assimile leur fonctionnement à celui des organismes les plus simples du règne animal, la cellule grise sensible des hémisphères se reconnaît dans toutes les modifications qu'elle éprouve, et la répercussion du travail mécanique correspondant se traduit, dans l'animal supérieur, par une prise de possession de lui-même, par la conscience de la sensation. Nous aurons bientôt à expliquer le mécanisme des opérations psychologiques du cerveau ; nous dirons ici quelques mots seulement sur la transmission de la sensation et du mouvement.

Les fibres nerveuses sont de simples conducteurs, indépendants les uns des autres, et leur destruction amène la paralysie de l'endroit où elles se rendent. La vitesse de l'agent nerveux est d'environ 60 mètres par seconde dans les nerfs sensitifs, et de 30 mètres seulement dans les nerfs moteurs. Le fait de penser, qui constitue le plus simple des actes cérébraux, demande en moyenne un dixième de seconde pour se produire. On s'est basé sur ces vitesses, relativement petites, pour affirmer que l'électricité ne jouait aucun rôle dans la transmission de l'action nerveuse. Il en serait effectivement ainsi pour un fil bon conducteur, continu et homogène ; mais les nerfs, ainsi que nous l'avons vu, offrent dans leur parcours des modifications importantes de structure, susceptibles de ralentir la vitesse d'un courant électrique, et leur terminaison, dans beaucoup de cellules comme auprès des muscles, opère entre les divers éléments une solution de continuité. Enfin, on aurait tort d'assimiler physiquement les tissus organiques à des corps minéraux, car il est bien établi que lorsqu'un courant électrique traverse les premiers, il faut un temps appréciable pour les impressionner, circonstance qui tient à l'hétérogénéité des éléments anatomiques ou des principes immédiats dont se compose toute substance animée. Rien n'empêche, d'ailleurs, d'admettre que la transmission s'opère au moyen de vibrations particulières du cylindraxe, vibrations que la gaine de myéline limiterait latéralement, en conservant au système conducteur une rigidité suffisante. Quant à la distribution de la force vive nerveuse dans les cellules grises, soit sensitives, soit motrices, elle échappe, par la délicatesse et la complexité de ces éléments, à toute investigation. On se contente de supposer que le nucléole est véritablement la partie active et directrice du corps cellulaire.

Chaque faisceau musculaire reçoit un cylindraxe dont l'extrémité se divise en un certain nombre de branches pour multiplier les points de contact avec la substance contractile. Si on compare les cylindraxes qui actionnent un muscle à la masse charnue, adipeuse et osseuse qu'ils font mouvoir, on comprend difficilement au premier abord que leurs vibrations, même en les supposant renforcées par des courants électriques, suffisent à la tâche. Mais le tissu musculaire est par lui-même un magasin de forces vives sur lesquelles le courant nerveux n'agit que par simple détente. Volontaire ou instinctive, l'excitation se traduit par une série de secousses musculaires qui, se succédant à raison d'une trentaine par seconde, se soudent ensemble en vertu de l'élasticité des muscles ; on a même constaté que, de ces secousses, résulte un son grave correspondant à une trentaine de vibrations par seconde. A chacun de ces mouvements précipités, les nerfs vasomoteurs des vaisseaux sanguins qui abondent dans la substance musculaire sont impressionnés à leur tour et activent, par un plus grand afflux de sang, la nutrition de l'appareil moteur ; ce dernier brûle en dégageant de l'acide carbonique. Toute la chaleur produite n'est pas transformée en travail, puisqu'on constate un échauffement du muscle ; mais l'économie l'utilise en quantité suffisante pour subvenir aux exercices les plus violents et les plus prolongés. C'est l'expérience qui nous apprend à proportionner les moyens au résultat à obtenir, c'est-à-dire qu'à la longue et comme par instinct, nous déployons strictement l'effort nécessaire pour produire un travail déterminé.

En somme, toutes les cellules, tous les éléments anatomiques de l'être vivant coopèrent invariablement au même but : la conservation de l'individu et de l'espèce. Pour nous rendre compte de cette collaboration harmonique, nous n'avons pas besoin de faire intervenir une substance distincte, d'essence spirituelle, qui communiquerait à chaque partie du corps et à tout instant une force particulière en vertu de laquelle elle accomplirait sa fonction ; nous n'avons qu'à remonter à l'origine de l'embryon. L'ovule fécondé, être vivant et distinct, a emprunté aux éléments générateurs les girations ou vibrations caractéristiques qui doivent servir à différencier chacune de ses parties ; la cellule primitivement unique se fragmente en plusieurs autres qui, groupées dans un ordre constant pour chaque espèce zoologique, vibrent toutes à l'unisson, et l'organisme achevé se trouve composé d'éléments anatomiques dont les vibrations affectent le même rythme harmonique.

Cette concordance de mouvements moléculaires est sans doute la cause qui coordonne, au même instant mathématique, les opérations des diverses parties de l'individu, et qui fait que le travail alors produit par chacune d'elles est précisément celui qui convient au fonctionnement organique de l'ensemble. A la vérité, d'importantes et nombreuses modifications ne cessent de se produire dans la constitution intime de l'élément anatomique, et la cellule grise de l'encéphale, en particulier, profite largement de la richesse des vaisseaux sanguins qui l'avoisinent ; mais ces échanges n'ont lieu que successivement, et la matière apportée entre sans retard dans le concert dynamique. Peut-être aussi existe-t-il une portion essentielle du corps cellulaire qui échappe à tout changement et continue à entretenir, en l'imposant à tout le reste, son mode de vibrations originel. Les désordres sérieux de l'organisme n'apparaissent que lorsque ce centre harmonique est atteint lui-même dans un nombre assez grand de cellules ; ils peuvent résulter de causes, soit accidentelles, soit naturelles.

Dans le premier cas, la propriété qu'ont les cellules restées intactes de reconstituer celles qui ont été détruites, amène souvent la guérison ; dans le second, nous marchons d'un pas plus ou moins rapide vers une complète dissolution. Quand la vie suit son cours normal, il arrive un moment où les éléments anatomiques subissent une perte graduelle de force vive, qui rend leur nutrition insuffisante, et les tissus, usés par l'âge, n'accomplissent plus qu'imparfaitement leurs fonctions. Au point de vue physiologique, l'équilibre est rompu lorsque les cellules sont inégalement altérées, car une collaboration d'ensemble est nécessaire à l'entretien des organes, et la décrépitude résulte autant de la discordance que du ralentissement des girations intracellulaires.

V

LES FONCTIONS PSYCHOLOGIQUES DE L'ENCÉPHALE.

La sensation physique étant l'origine de toutes nos idées, c'est par un examen rapide des appareils des sens que nous commencerons l'étude des fonctions psychologiques de l'encéphale.

Tout agent extérieur susceptible de déterminer une sensation spéciale rencontre successivement :

1° Un appareil de protection ou d'adaptation, de nature non nerveuse, différent pour chaque sens. Cet appareil sera : pour la vue, l'iris, l'humeur aqueuse, le cristallin et l'humeur vitrée ; pour l'ouïe, le pavillon, la membrane du tympan, la caisse, les osselets, le limaçon, les canaux semi-circulaires, le vestibule et la lymphe du labyrinthe ; pour le goût et l'odorat, outre la cavité buccale et les fosses nasales, le mucus plus ou moins abondant qui recouvre les surfaces muqueuses ; enfin pour le tact, l'épiderme ;

2° Un appareil terminal ou des organes périphériques spéciaux de nature nerveuse, mais différents par leur structure pour chaque sens. Ce sont : pour la vue, les cônes et bâtonnets de la membrane de Jacob ; pour l'ouïe, l'appareil de Corti ; pour le goût, les bâtonnets des cellules gustatives des bourgeons terminaux situés sur les papilles de la langue ; pour l'odorat, les cellules olfactives de la muqueuse nasale ; et, pour le toucher, les corpuscules du tact ;

3° Les filets sensitifs nerveux, semblables pour tous les sens.

On a cru pendant longtemps que la coloration rouge de la rétine était due à la multiplicité des vaisseaux sanguins qui la sillonnent ; on pense aujourd'hui qu'elle provient d'une substance d'un rouge intense, interposée entre les cônes et les bâtonnets. Sous l'action de la lumière, cette substance se décolore, devient d'abord transparente, puis s'obscurcit et finit par devenir opaque en tous les points frappés par les rayons lumineux ; il se produit donc une décomposition chimique analogue à celle que subit la face éclairée d'un papier photographique.

Le pourpre rétinien se comporte d'ailleurs d'une façon différente avec les couleurs; rapidement décoloré par la lumière blanche, il l'est moins vite par les teintes du spectre, et résiste assez longtemps à l'action des rayons jaunes ou rouges. On remarque une tache jaune à l'endroit de la rétine où se forment habituellement et le plus nettement les images; cette décoloration, devenue héréditaire, tient à la fréquence des actions chimiques dont cette région est le siège. Pour que les images correspondant aux deux yeux se fondent en une seule sensation, il est nécessaires qu'elles portent sur des points semblables des deux rétines, ce qui a toujours lieu dans la vision éloignée; elles se dédoublent quand la distance devient suffisamment petite.

Les images sont renversées sur le fond de l'œil et cependant les objets nous paraissent redressés; ce phénomène n'a pas encore reçu d'explication. Toutefois nous ferons remarquer que la perception par les appareils des sens n'a qu'un rapport de cause à effet avec l'impression produite sur les cellules sensibles du cerveau et ne s'identifie pas nécessairement avec elle; rien n'empêche donc d'admettre, soit un changement d'orientation dans les couches optiques, soit même l'absence de toute orientation, et dans ce dernier cas interviendrait un nouvel élément impossible à connaître.

L'appareil auditif est organisé de façon à établir

entre les vibrations de l'air et les expansions du nerf auditif des intermédiaires susceptibles de vibrer à l'unisson, et de transmettre ces vibrations, aussi intenses que possible, au liquide labyrinthique qui baigne directement l'appareil de Corti. Cet organe, placé aux extrémités même du nerf du limaçon, comprend au moins 6,000 petits arcs élastiques, dont chacun serait accordé par un son déterminé, de telle sorte que le clavier basilaire réponde toujours, par une corde spéciale, à l'une des notes de l'échelle musicale. L'intensité du son dépend de l'énergie avec laquelle la fibre est ébranlée ; sa hauteur, de la place qu'occupe la fibre, et son timbre, du nombre de fibres ébranlées.

En vertu de la propriété qu'ont les ondes sonores de se superposer sans se confondre, l'oreille humaine est apte à enregistrer les vibrations correspondant à plusieurs sons simultanés et même, quand il s'agit d'un son unique, nous parvenons facilement à discerner les harmoniques de la note fondamentale. Tous les sons ont une durée appréciable, et dès qu'ils ont cessé, c'est par un son *sui generis* et tout à fait indépendant que se termine la sensation auditive, car on sait que lorsqu'une membrane élastique entre en vibration sous l'influence d'un son extérieur, elle prend le nombre de vibrations de celui-ci, mais qu'elle revient au nombre de vibrations qui lui est propre, aussitôt que la cause a cessé.

Quand un morceau de musique comprend une succession très rapide de notes, il y aurait empiètement de l'une sur l'autre dans la perception, sans la présence de la lymphe du labyrinthe, qui a pour effet d'enrayer chaque son et de préparer rapidement l'oreille à une perception nouvelle.

Le bruit diffère du son distinct ou musical en ce que les vibrations qui le produisent sont irrégulières et donnent ordinairement naissance à des sons fondamentaux multiples, mais non harmoniques. On a supposé que le vestibule et les canaux demi-circulaires ne servent qu'à recueillir les bruits ; cette hypothèse est inadmissible, car l'appareil auditif tout entier est ébranlé lorsque le nombre des vibrations atteint le chiffre de 16 à la seconde, limite au-dessous de laquelle le son n'est plus perçu.

Les corpuscules du goût, qui servent d'enveloppe aux ramifications des nerfs gustatifs, sont répartis entre la base, la pointe et les côtés de la langue. Les substances sapides doivent être dissoutes pour impressionner les papilles gustatives et parvenir par imbibition aux organes nerveux récepteurs.

Le sens de l'odorat a pour siège la muqueuse des fosses nasales ; c'est dans la région supérieure de la membrane pituitaire, appelée aussi région jaune, que l'on trouve les cellules servant de terminaison aux rameaux du nerf olfactif. Les corps ne sont odorants qu'à l'état volatil, et souvent il suffit d'une quantité infinitésimale de vapeurs pour impressionner l'organe. L'odorat est moins développé chez l'homme que chez un grand nombre de mammifères.

Pour l'olfaction, comme pour la gustation, nous ne pouvons encore saisir la nature des modifications subies par les organes spéciaux affectés à ces fonctions. On pense qu'elles consistent le plus souvent en des réactions chimiques; mais l'intermédiaire, quel qu'il soit, entre l'application de l'excitant spécial et l'excitation de l'appareil nerveux récepteur, nous est encore caché. Il y a lieu de croire que cet intermédiaire existe, et qu'il sera connu quand on aura mieux étudié les propriétés chimiques des principes odorants et sapides.

Le toucher nous renseigne immédiatement sur la forme et la consistance des corps; puis, aidé de l'expérience, il nous donne, par le degré de la pression, le sentiment de l'effort à exercer pour agir sur la matière. La peau et en général toutes les membranes d'enveloppe des tissus sont le siège de sensations tactiles; toutefois, c'est sur la peau et sur les muqueuses qui l'avoisinent que nous nous rendons le mieux compte de la nature et de la localisation des impressions perçues. Les corpuscules du tact, placés sous l'épiderme, affectent la forme d'un ovoïde allongé dont les éléments sont des membranes perpendiculaires à l'axe, superposées comme dans une pile de Volta. La terminaison des nerfs tactiles s'y effectue par des prolongements olivaires ou discoïdes, qui s'insinuent entre les loges de la charpente connective du segment tactile sans affecter de rapports immédiats avec le protoplasma des cellules contenues dans ces loges. L'expansion sensitive terminale se trouve ainsi prise entre des pièces solides qui, sous l'action de contacts extérieurs, sont disposées pour l'impressionner mécaniquement.

On rapporte encore au toucher les sensations de température, en leur attribuant comme appareil récepteur des corpuscules spéciaux de forme sphéroïdale, noyés dans le derme, et dont les contractions et les dilatations produiraient les effets physiologiques de chaleur et de froid. Mais il faut remarquer que le contact n'est pas nécessaire pour occasionner les sensations thermiques, et que lorsque le contact matériel a lieu, la sensation tactile proprement dite, due à la pression, est essentiellement distincte de celle que nous procure la température.

Nous n'apprécions bien que les températures peu différentes de celles du corps humain, au point que, lorsqu'elles deviennent extrêmes, nous sommes affectés de la même manière par la chaleur et le froid. La circulation du sang et les sécrétions des glandes sudoripares et sébacées sont intimement liées aux effets thermiques, sur lesquels elles peuvent réagir énergiquement. On retrouve là l'un des nombreux exemples de la solidarité qui existe entre les diverses parties de l'organisme.

Quoique le système musculaire ne possède pas d'appareil nerveux destiné à la perception extérieure, plusieurs auteurs ont voulu, aux cinq sens que tout le monde connaît, en ajouter un sixième, le sens musculaire. Incontestablement les muscles, en se contractant, donnent lieu à des sensations localisées ; mais le fait provient de ce qu'ils sont en contact avec des nerfs centripètes qui, impressionnés par le mouvement, transmettent l'excitation aux centres et de là à la périphérie.

Au reste, il y a bien des cas où la sensibilité a pour point de départ de simples terminaisons nerveuses sans structure particulière de perception. Beaucoup de nerfs sensitifs appartenant aux organes internes aboutissent à la périphérie au moyen d'extrémités libres, extrêmement ténues, qui appartiennent toutes, le pneumogastrique excepté, au système du grand sympathique. Le fonctionnement automatique des canaux et des viscères est encore peu connu ; on pense que les nerfs organiques possèdent une sensibilité directe. Quoi qu'il en soit, et malgré la spécialisation de la fonction nerveuse, il reste constant que la sensibilité, la motricité et la nutrilité sont sous la dépendance d'une action régulatrice commune qui appartient en propre au système nerveux chez les animaux supérieurs, et qui a son centre dans l'encéphale.

Tous les nerfs des sens, sensitifs et moteurs, paraissent identiques, ce qui donnerait à supposer que, chez les uns et les autres, la transmission de la force nerveuse s'opère de la même façon. De même, à part des inégalités de volume, on ne trouve pas de différence dans la constitution intime des deux groupes de cellules grises de l'encéphale, et pourtant il faut bien admettre que la spécialisation de leurs fonctions physiologiques est le résultat d'une divergence de structure. Quels que soient la nature de l'excitation périphérique et son mode de transmission, on a adopté, pour désigner ce flux qui sillonne les cylindraxes, le nom d'agent nerveux moteur, sans rien préjuger de son essence. Toutefois, pour simplifier le langage, nous supposerons que la propagation s'opère sous la forme vibratoire.

Quand un sens est impressionné, les vibrations du nerf correspondant cheminent vers le cerveau et se communiquent à une cellule grise sensible, en y déterminant une augmentation générale de tension accompagnée sans doute de girations qui affectent plus particulièrement quelqu'une de ses parties et qui ont la propriété de persister très longtemps. A cet instant précis, il y a perception par le moi ou conscience d'une idée corrélative à la sensation. L'excitation passe partiellement dans la cellule motrice accouplée, et si elle possède une intensité suffisante, le mouvement suit sans retard. Si la cellule primitivement abordée est reliée de proche en proche avec plusieurs autres similaires, chacune d'elles recevra successivement l'impression d'une façon consciente, jusqu'à ce qu'enfin on arrive à la cellule motrice qui dirige le courant vers les muscles. Remarquons ici que la perception d'une idée simple, c'est-à-dire non suivie d'un jugement, n'est pas forcément une cause de mouvement, et quand elle le détermine, c'est d'une façon purement instinctive ; c'est ainsi qu'une commotion lumineuse ou électrique, qu'un choc soudain, mettent inconsciemment en action les muscles chargés d'un rôle de préservation. Les mouvements devenus habituels s'opèrent également par voie réflexe, c'est-à-dire que nous agissons sans nous rendre compte d'une impression quand elle est modérée et que, souvent renouvelée, elle fait constamment vibrer de la même façon les cellules grises de l'encéphale.

L'idée ainsi casée dans une ou plusieurs cellules sensibles y reste comme emprisonnée pendant un temps plus ou moins long, quelquefois toute la vie, ce qui revient à dire qu'une partie de la force vive engendrée par la sensation originelle s'y maintient avec une intensité variable qui décroît en général avec l'âge. Les cellules motrices possèdent probablement, à un degré moindre, un pouvoir détenteur analogue ; il doit en être de même des cellules noyées dans les fibres composant les muscles, lesquels emprunteraient leur tonicité normale à un courant nerveux faible, mais continu. Malgré cette persistance du travail mécanique intracellulaire, nous ne sommes pas obsédés par l'idée, parce que sa perception par le moi ne se produit qu'à l'occasion d'une augmentation de tension. Quand celle-ci devient extrême, l'impression peut déterminer une conscience permanente, c'est-à-dire entraîner les troubles pathologiques de la monomanie ou de la folie ; cet état ne va pas sans un commencement de lésion organique.

Est-il admissible que chaque idée trouve place dans une cellule distincte ? A ne considérer que la possibilité numérique, on répond affirmativement. On compte plus de six cent millions de cellules grises dans les hémisphères cérébraux, et par conséquent au moins trois cent millions de cellules sensibles. Un homme qui vivrait quatre-vingts ans, qui penserait seize heures par jour et qui aurait toutes les six secondes une idée nouvelle, n'en enregistrerait que deux cent quatre-vingt millions trois cent vingt mille pendant toute sa vie. Mais il faut remarquer qu'à part le sens du toucher, réparti sur tout le corps, les autres sont localisés et impressionnent constamment les mêmes filets nerveux, et par suite les mêmes cellules sensibles ; les bifurcations des cylindraxes portent une sensation donnée sur plusieurs cellules à la fois, et vraisemblablement les idées qui obéissent à une loi de corrélation affectent une portion invariable de l'encéphale. Enfin un certain nombre de cellules grises paraissent isolées, et servent très certainement à autre chose qu'à emmagasiner des idées.

En fait, une même cellule sensible peut recevoir plusieurs excitations simultanées ou successives qui se superposent en ce sens que ses éléments actifs entretiennent à la fois les vibrations rythmiques correspondantes, et nous savons que cette coexistence se concilie parfaitement avec les lois de la mécanique. Toute addition d'excitation nouvelle, outre qu'elle peut graver une idée nouvelle aussi, a pour effet, en augmentant les tensions de toutes les parties du corps cellulaire, de raviver les sensations préexistantes; nous avons alors la conscience du souvenir.

Une idée renouvelée ne doit son caractère d'identité qu'à la condition de résulter précisément des mouvements intracellulaires qui l'avaient produite une première fois; or, comment peut-on affirmer qu'elle n'est qu'une répétition ? Avec le temps elle a souvent assez perdu de sa fraîcheur pour qu'il n'y ait pas de confusion chronologique. Mais quand l'idée première est de date récente, ou qu'elle nous a laissé une forte impression, il lui arrive parfois de se représenter spontanément et vivement à l'esprit, et même de nous obséder tout à fait. Il faut donc chercher un autre critérium du souvenir : nous le trouverons dans l'association des idées.

Toute idée ayant pour cause une sensation, elle ne se présente pas à notre esprit avec le caractère de simplicité que nous lui avons jusqu'à présent supposé. A la sensation proprement dite sont associées les circonstances particulières qui accompagnent sa production, et comme, dans le cas où nous avons à comparer l'idée originelle avec sa représentation mentale, ces circonstances sont toujours bien différentes, il en résulte déjà que nous confondons difficilement le passé avec le présent. Il y a plus : non seulement nous localisons vaguement nos souvenirs dans le passé, mais encore nous leur assignons leur date véritable. Nous n'avons la notion du temps que par la succession des événements qui repèrent chaque instant de son cours, à tel point que, si ces repères faisaient défaut, une idée ancienne nous produirait, au ressouvenir, l'illusion de la nouveauté. Dans toute opération de la mémoire, nous récapitulons rapidement par une autre et complexe opération, quelques-uns des faits écoulés depuis l'apparition première de l'idée, et c'est ce travail auxiliaire qui nous permet de faire un classement chronologique. Les défaillances du souvenir, les difficultés que nous éprouvons, soit à raviver la sensation originelle, soit à la localiser dans le passé, tiennent moins au degré de son intensité qu'à l'oubli des circonstances qui l'avaient accompagnée, et souvent il suffit d'en rappeler un détail accessoire pour lui redonner toute sa fraîcheur. Aussi l'exercice de la mémoire comporte-t-il une culture intellectuelle plus relevée que celle de l'enfant au premier âge.

Ce qui précède nous facilitera l'explication physiologique de l'association des idées. Nous admettons comme très probable que les cellules grises du cerveau sont groupées par analogie de fonctions ou, en d'autres termes, que les facultés de l'âme sont localisées dans les hémisphères. Indépendamment de l'aptitude psychologique que possède toute cellule, chacune d'elles est reliée à sa voisine, dans la même région fonctionnelle, par un rapport de contiguïté résultant de la transmission immédiate, de l'une à l'autre, des courants nerveux. S'il ne se produit aucun effort de volonté, toute excitation originelle, après avoir abordé quelques cellules sensibles où elle opérera une association d'idées, ira se perdre dans une cellule motrice, ou bien continuera de cheminer en s'affaiblissant, à mesure qu'elle atteindra des cellules de plus en plus rapprochées de la limite de la région en exercice ; un moment arrivera où, la tension des éléments multipolaires devenant très petite, nous cesserons d'avoir conscience. Ainsi, quand la pensée est abandonnée à elle-même, les idées s'enchaînent uniquement en vertu des liaisons cérébrales. C'est ce phénomène de suggestion spontanée qui porte le nom d'association ou de coordination des idées. Lorsque la volonté intervient pour

7

modifier le cours naturel de nos réflexions, il naît, sous l'influence des mobiles, de nouveaux courants nerveux qui peuvent envahir une autre région du cerveau et dont l'intensité détourne à son profit l'activité consciente. Si l'on considère que les bi ou trifurcations des cylindraxes portent une même excitation dans plusieurs cellules à la fois, et que beaucoup de cellules sont pourvues de plusieurs commissures, on en conclura qu'une idée simple est susceptible de servir de point de départ à un certain nombre de courants nerveux simultanés ; mais nous ne percevons bien que les effets de celui qui l'emporte sur les autres par son énergie. Dans diverses parties des hémisphères, la pauvreté des liaisons cellulaires est telle qu'il ne peut s'établir qu'un seul courant d'idées ; quelquefois aussi, malgré la multiplicité des courants, l'un d'eux se fraie par l'usage un passage plus facile dans une direction déterminée, et c'est invariablement celui-là qui finit à la longue par absorber les perceptions conscientes, quand les circonstances sont identiques. Le premier cas correspond au fonctionnement du pur instinct et le second à celui de l'habitude.

Deux courants nerveux peuvent se rencontrer dans une cellule sensible, dont ils augmenteront l'état de tension, en y produisant deux espèces de mouvements propres et simultanés. A ce même moment il y a, dans la cellule de croisement, superposition de deux sensations, ce qui se révèle à nous par la perception d'un rapport entre deux idées, ou par l'affirmation de l'existence d'un objet; c'est le jugement simple, qui peut être suivi d'un acte volontaire, mais instinctif, parce que l'âme n'a pas eu de choix à faire entre plusieurs mobiles. Les jugements se comportent comme les idées, c'est-à-dire qu'ils sont aptes à créer des courants nerveux qui, selon les cas, réveilleront des idées ou des jugements antérieurement formés, ou serviront, par un croisement avec d'autres courants, à ébaucher de nouveaux jugements.

Il arrive souvent que les courants nerveux sont multiples, et qu'il en résulte deux ou plusieurs points de croisement, coïncidant avec des jugements ou mobiles que nous percevons, sinon simultanément, du moins à intervalles très rapprochés. Si les tensions cellulaires alors développées diffèrent peu d'intensité, il se produira, avant tout mouvement musculaire, un temps d'arrêt qui correspond à la délibération et qui cessera à la détermination, c'est-à-dire à l'instant où se manifestera une prépondérance marquée de force vive dans l'une des cellules de croisement. La délibération dure quelquefois très longtemps, les mêmes mobiles se présentant souvent à notre esprit sous l'influence d'un acte volontaire accessoire qui, souvent aussi, nous en suggère de nouveaux ; nous exposerons, dans un chapitre spécial, quelques considérations sur l'intervention du libre arbitre dans le classement et le choix des mobiles.

L'acte suit le plus ordinairement la détermination, mais il peut être retardé par diverses causes, complètement annihilé, ou même renversé, c'est-à-dire mettre en jeu le muscle opposé à celui que le mobile prépondérant devait faire mouvoir. Quand la sensation initiale est extrêmement vive, elle offre un frappant exemple de la solidarité qui unit les diverses parties du système nerveux, soit entre elles, soit avec le reste de l'économie. L'excitation encéphalique se transmet aux racines du nerf pneumo-gastrique qui, selon les circonstances et les tempéraments, ralentit ou accélère momentanément les battements du cœur; de son côté, le grand sympathique tantôt resserre, tantôt élargit l'appareil vasculaire, et engendre tous les désordres dus à l'anémie et à l'hyperémie. Les muscles, paralysés ou surexcités, n'obéissent plus à l'incitation des nerfs moteurs, ou bien sont en proie à des mouvements désordonnés et sans rapport avec le but à atteindre; c'est ainsi qu'une grande frayeur affolera les uns en les faisant courir inconsciemment de tous côtés, et les autres en les clouant au sol, c'est-à-dire en les empêchant de fuir ou de prendre des mesures de défense. Les troubles nerveux peuvent aller plus loin quand ils ont envahi la colonne vertébrale, et déterminer, au moins passagèrement, une aberration du sens musculaire directement opposée à la volonté ; beaucoup de touristes sont pris de vertige à la vue d'un profond abîme, et l'oiseau se précipite dans la gueule du serpent qui l'a fasciné.

L'acte exécutoire est différé volontairement lorsqu'on reconnaît, pendant la délibération, la convenance ou la nécessité d'en remettre l'accomplissement à une date ultérieure. Il ne s'agit plus ici d'une volition proprement dite, mais bien d'une résolution, ou même d'une simple intention. Quelque ferme que soit cette détermination à échéance, elle n'a pas le caractère tranché de la volonté qui commande le mouvement sans délai, et par cela même, elle agit plus mollement sur les cellules motrices ; peut-être intervient aussi, pour enrayer le mouvement, une volonté accessoire de retard. La décision prise n'en reste pas moins localisée dans une cellule sensible jusqu'au moment de l'exécution ; il se produit alors, sous l'influence de la mémoire, une revivification de la volonté, qui emprunte à l'opportunité d'agir une force nouvelle, et produit son plein effet.

Le corps s'épuise par l'activité physique et intellectuelle, et tous les jours un instant arrive où l'élaboration cellulaire faiblit au point que la conscience cesse de fonctionner et que nous cédons au sommeil. Il arrive souvent que, pendant cet état, les fonctions de la vie organique sont plus ou moins entravées, auquel cas le grand sympathique transmet au cerveau quelque impression qui sert de point de départ à une coordination d'idées ; si elle est assez forte, il en résulte le rêve conscient. Le même effet peut se produire quand le sommeil survient après une surexcitation cérébrable prononcée, et tient à la persistance de la tension cellulaire qui l'a provoquée. Mais il faut remarquer que la volonté ne joue aucun rôle dans cette élaboration passive, parce que les tensions cérébro-cellulaires cheminent à la dérive, sans occasionner de croisements de plusieurs courants d'idées. Il ne se forme donc pas de jugement nouveau, mais bien un accouplement bizarre d'idées et de jugements antérieurement acquis, qui se traduit le plus souvent par l'incohérence et l'invraisemblance. Toutefois, en passant dans certaines cellules, la tension nerveuse peut devenir très forte, au point même d'occasionner le réveil, c'est-à-dire le retour de l'activité consciente et volontaire.

Nous n'avons pas l'intention d'examiner toutes les formes de l'activité psychique de l'homme ; le mécanisme ne varie pas, et si les manifestations offrent une variété presque infinie, c'est parce que tous les organes sont susceptibles, à un instant donné, d'entrer en scène sous l'action de l'élément nerveux. Ces relations d'ensemble sont encore peu connues, physiologiquement parlant, et il serait prématuré de les étudier à fond au point de vue psychologique. Ainsi, pour ne parler que de l'hypnotisme, dont nous dirons quelques mots dans un autre chapitre, on n'explique pas mieux la suggestion que le pouvoir étonnant du sujet magnétisé sur ses réflexes. Le somnambulisme naturel, l'hystérie, la catalepsie, la léthargie, etc., sont de curieux états de forme pathologique qui ne doivent pas retenir longtemps l'attention du philosophe. Ce serait en effet, à notre avis, faire fausse route que de chercher à connaître l'être normal au moyen d'observations qui portent sur une déséquilibration du système nerveux, et dont le moindre inconvénient est de mettre en relief des cas particuliers aussi nombreux que les individus eux-mêmes.

L'homme vit de sensations nouvelles ou renouvelées, et presque toujours elles sont accompagnées de plaisir ou de douleur; nous compléterons par quelques explications sur ce sujet notre théorie des fonctions psychologiques de l'encéphale.

En temps ordinaire, et en dehors de toute influence extérieure, chacune des cellules du corps possède une tension d'une intensité variable avec l'espèce, mais à peu près constante pour chacune d'elles; il en résulte un *modus vivendi* permanent dans les relations que toutes ces cellules entretiennent avec le cerveau et, si les fonctions de la vie organique s'accomplissent en parfaite harmonie, nous ne ressentons que le plaisir ou la douleur qui proviennent de sensations renouvelées. Toutes nos idées ont pour origine des sensations primordiales, qui sont enregistrées par les cellules grises de l'encéphale en même temps que l'impression agréable ou pénible dont elles sont habituellement accompagnées. Lorsque nous avons conscience d'une idée antérieurement acquise, et qu'elle nous affecte bien ou mal, il se produit un simple effet de mémoire, c'est-à-dire qu'avec l'idée elle-même nous avons la reproduction du plaisir ou de la douleur qui s'y trouvait originairement associé et faisait corps avec elle. Quand l'opposition de deux idées anciennes donne lieu à un jugement nouveau qui nous impressionne d'une façon favorable ou défavorable, le fait résulte d'une coordination en vertu de laquelle le jugement ainsi formé sert de point de départ à la revivification de quelque idée simple à laquelle nous avions associé le sentiment du plaisir ou de la douleur. Toutes ces opérations intellectuelles se succèdent avec une extrême promptitude qui en rend l'analyse délicate, mais leur mécanisme procède d'une règle fixe et invariable : la coordination d'idées préexistantes, établie par les nombreuses connexions matérielles des cellules cérébrales.

Comment une sensation physique peut-elle occasionner le plaisir ou la douleur? La cause est invariablement une excitation de la périphérie nerveuse;

deux cas sont alors à distinguer : ou bien l'excitation est interne, ou bien elle se produit à l'extérieur par l'intermédiaire des appareils des sens.

Dans le premier cas, il n'y a de sensation agréable que lorsque l'élaboration cellulaire, en train de faiblir, est réconfortée par l'apport de matériaux de nutrition, ou que, momentanément entravée par l'excès des sécrétions, elle reprend son cours ordinaire à la suite d'une évacuation, en sorte que, les tensions cellulaires correspondantes étant ramenées à l'état normal et donnant lieu à des transmissions régulières, soit au grand sympathique, soit au cerveau, la cessation du malaise se traduit par une impression de bien-être. En dehors de ces deux opérations, toute sensation, d'origine interne, dont nous avons conscience est plus ou moins douloureuse, car elle ne fait qu'accuser une gêne éprouvée par les organes dans leur fonctionnement, gêne qui produit des tensions cellulaires anormales et des transmissions irrégulières aux centres nerveux. Les bronches et les poumons, en relation constante avec l'extérieur, éprouvent sans cesse l'effet des variations thermiques, barométriques et hygrométriques de l'air atmosphérique et, sous ce rapport, on pourrait appeler la respiration un sixième sens ; mais, généralement, nous n'avons pas conscience du fonctionnement des organes internes, et l'absence de toute sensation de cette provenance est le criterium de la santé.

Dans le second cas il faut, pour analyser les impressions bonnes ou mauvaises résultant d'une cause externe, passer successivement les cinq sens en revue.

Rappelons d'abord que c'est par l'association de tous les sens que les propriétés de la matière nous sont complètement connues. Rarement une excitation sensorielle se produit sans rappeler une notion antérieurement acquise par un autre sens et c'est souvent ce souvenir, et non la perception directe, qui donne le sentiment du plaisir ou de la douleur. D'autre part, nous sommes enclins à répéter souvent les mêmes actes, et l'exercice prolongé des mêmes sens, dans des circonstances identiques, s'il n'émousse pas leur acuité, diminue notablement leur capacité affective ; on s'en rend bien compte dans l'automatisme, l'instinct et les habitudes qui ne sont qu'un instinct acquis. Il ne faut pas perdre de vue non plus que l'abus des sens et une trop grande vivacité des impressions sensorielles fatiguent les organes qu'ils intéressent et occasionnent toujours une douleur.

Dans le phénomène de la vision, il y a lieu de tenir compte du degré de culture physique et morale du sujet. A tout âge on est séduit par la magie des couleurs, surtout quand les tons ne sont pas heurtés, et par la lumière blanche d'une intensité modérée. L'action chimique alors développée sur le fond de la rétine se produit régulièrement et sans à-coup, et la transmission au cerveau s'opère au moyen de vibrations en quelque sorte rythmiques; il y a dès lors plaisir, tandis qu'une sensation optique trop vive ou discordante cause de la douleur. L'adulte, bien renseigné sur l'état et les propriétés des corps, les regarde ordinairement sans émotion, en tant qu'il ne s'agit que de l'impression lumineuse; mais, ainsi que nous l'avons dit, il y associe d'autres impressions sensorielles qui ne lui permettent guère l'indifférence. L'œil de l'enfant enregistre pour la première fois les images des objets avec une évidente satisfaction, et la curiosité qu'il éprouve se traduit par le désir constant de les toucher et de se les approprier. Nous devons en conclure que, dans les conditions ordinaires ou normales, la vision ne nous procure par elle-même que des sensations agréables.

Le sens de l'ouïe est mieux fait que tout autre pour montrer que le plaisir dérive de la régularité et du rythme des vibrations portées par les nerfs dans les cellules grises. C'est en effet à des vibrations combinées en rapports numériques simples et réglées par des lois mathématiques, qu'est due l'impression agréable résultant de l'harmonie et de la mélodie, tandis que les sons discordants fatiguent l'oreille la moins délicate. Les bruits quelque peu intenses, les commotions soudaines alors même qu'elles ne vont pas jusqu'à léser l'appareil auditif, éveillent invariablement en nous une pénible sensation qu'il faut attribuer à l'irrégularité et au désaccord des vibrations transmises au cerveau.

Pour le goût et l'odorat, le principe physiologique est le même, avec cette différence qu'on ne connaît pas l'intermédiaire qui se trouve chimiquement modifié. Quoi qu'il en soit, les cellules gustatives ou olfactives, au contact d'un corps solide, liquide ou gazeux, deviennent le siège de contractions, de dilatations et d'actions chimiques qui toutes engendrent des vibrations nerveuses portées à l'encéphale. Il se présente ici une particularité curieuse : souvent les mêmes substances impressionnent d'une façon très différente ceux qui sentent ou qui goûtent, ce qui montre bien que les modifications physiques et chimiques des appareils du goût et de l'odorat sont susceptibles de varier avec l'individu. Nous admettons, en tous cas, que lorsque les vibrations transmises se succèdent d'une façon régulière et rythmique, il y a sensation de plaisir, et que la douleur est le résultat d'un désordre organique qui donne à ces vibrations une plus ou moins grande irrégularité.

A l'égard du toucher, c'est ordinairement par pression qu'on agit sur les corpuscules du tact, et quand cette pression devient forte, elle est en même temps douloureuse ; elle n'est, le plus souvent, la source d'aucun plaisir, d'aucune douleur, ce qui tient au contact presque permanent de la peau avec les vêtements.

Nous avons expliqué plus haut comment les impressions tactiles se modifient avec les circonstances; qu'elles dérivent d'une action mécanique ou électrique, il est certain que le plaisir qui les accompagne est inséparable d'une transmission mesurée et jusqu'à un certain point régulière de l'agent nerveux, mais que la sensation est rarement agréable, tandis que la douleur vient souvent nous avertir de l'excès de leur intensité.

La conservation de notre organisme repose sur cet instinct qui nous porte à rechercher le plaisir et à éviter la douleur. Cette tendance se retrouve dans la coordination de nos idées, dans nos jugements et dans tous les actes qui sont l'expression de notre volonté. On nous objectera que, contrairement aux autres animaux, l'homme se passionne pour le beau, le noble, le juste; qu'il est capable d'abnégation et de dévouement et que quelques-uns, au mépris de leurs propres intérêts, trouvent leur satisfaction la plus douce dans l'accomplissement des actes qui rendent leurs semblables heureux ou les empêchent de devenir malheureux. Une analyse exacte nous permettra toujours de saisir le côté égoïste du mobile, alors même qu'il se présente sous le jour le plus désintéressé. Le croyant est guidé par la perspective des récompenses et des peines éternelles, et le mécréant qui se passe de la foi religieuse ne fait le bien que parce qu'il identifie momentanément sa personne avec celle d'autrui, ou même que, par un effort d'imagination, il réalise une substitution d'individualité. Cette façon de pratiquer l'altruisme est passée dans les mœurs, dans le langage, et se retrouve à la base de toute éthique. Vous vous mettez à la place des gens pour bien juger leur cas, leur donner un conseil désintéressé, les secourir, et si vous avez bien mérité aux yeux du moraliste, c'est le plus souvent parce que vous vous êtes abstenus de faire aux autres ce que vous n'auriez pas voulu qu'ils vous eussent fait.

A part les instants de calme qui servent de transition d'un état à l'autre, nous sommes normalement joyeux ou tristes, c'est-à-dire que nous trouvons, soit dans nos souvenirs, soit dans la perception directe de quelque sensation, un aliment continu de plaisir ou de douleur. Les causes les plus habituelles de ces deux états contraires sont les violentes inclinations qui relèvent de la sensibilité morale, et dont l'âme subit irrésistiblement l'influence ; on les désigne sous le nom de passions.

Toutes les passions nous rendent, à des degrés divers, heureux ou malheureux, mais nous pouvons le devenir pour des motifs qui leur sont étrangers. C'est donc à tort que Descartes, dans le dénombrement qu'il en a fait, les confond pêle-mêle avec la joie et la tristesse qui n'en sont que des résidus. Quant aux autres, il les rattache à quatre groupes principaux ; l'admiration, l'amour, la haine et le désir. Nous n'avons pas l'intention d'examiner en détail les formes innombrables que revêt la passivité de l'âme* ; cette étude ne nous apprendrait rien de nouveau sur l'origine et le mécanisme de la sensation. Ce qu'il est particulièrement intéressant de faire remarquer, c'est le rôle de plus en plus important que paraît avoir joué, avec le temps, la volonté dans ces sortes de manifestations. L'homme primitif était, comme tout animal, dominé par de violentes passions ; mais les exigences de la vie sociale et les progrès de la civilisation ont modifié son organisation cérébrale, augmenté le nombre et les liaisons des cellules grises, et créé des courants d'idées s'écartant notablement de ceux qui correspondaient d'abord au pur instinct. Les modifications individuelles, accumulées par l'hérédité pendant un nombre incalculable de siècles, ont abouti à la formation de ce merveilleux organe où la pensée, tout en se jouant dans des méandres subdivisés à l'infini, ne cesse pas d'être dirigée et maîtrisée. C'est dans la puissance de notre volonté que réside véritable-

---

* Bossuet admettait onze passions, ni plus ni moins ; il ne s'agit là, sans doute, que de catégories.

ment la supériorité de notre intelligence. Seuls parmi les animaux, nous sommes armés contre notre sensibilité, c'est-à-dire que si nous ne parvenons pas à réprimer absolument nos mauvais penchants, la réflexion, d'ordinaire, intervient assez à temps pour en retarder et atténuer les manifestations dangereuses. Transformés moralement par l'éducation et l'instruction, nous avons dépouillé notre égoïsme de ses allures grossières ; il n'est pas jusqu'à celles de nos passions qui nous unissent le plus étroitement à l'animalité, qui n'affectent à l'occasion un certain air de noblesse, entrant ainsi dans le concert de notre activité physique, intellectuelle et morale pour rehausser le prestige de notre souveraineté.

N'est-il pas étonnant qu'aujourd'hui même, en affirmant le perfectionnement progressif de l'humanité, on se heurte à des préjugés qui asservissent invinciblement notre raison ? Les plus civilisés d'entre les hommes, et c'est par centaines de millions qu'on les compte, ont été dans leur enfance bercés par les récits de Moïse, dont les affirmations naïves, mais absolues, ne laissent pas de place à la controverse, et qui nous représentent Adam, cet abrégé de toutes les perfections, comme le radieux chef d'une race bien dégénérée. Depuis quelque temps déjà des doutes, timidement émis, planaient sur l'infaillibilité du narrateur sacré ; aujourd'hui les sciences naturelles ont rompu tout accord avec la

légende biblique et nous obligent à traiter de fable
ce qui, pendant trente-cinq siècles, avait passé pour
le produit d'une inspiration divine. Pouvons-nous,
réduits à nos propres lumières, substituer à cette
antique genèse de l'humanité quelque conception
plus vraisemblable ? C'est ce que nous allons examiner dans les chapitres suivants.

VI

LA VIE ANIMALE. SON ORIGINE, SES DÉVELOPPEMENTS. — LES ANCÊTRES DE L'HOMME.

La vie est un problème dont la solution n'est pas
réservée à ce qui vit. Depuis que nos savants se
creusent la tête sur cette indéchiffrable énigme, à
quel résultat ont-ils abouti ? A distinguer à peu près
la matière brute des corps organisés. Nous reconnaissons que la première est inerte, c'est-à-dire
incapable de créer du mouvement ou d'altérer celui
qu'elle possède et qui ne se modifie que sous l'influence de causes extérieures ; encore cette loi n'est-
elle que vaguement étudiée, puisque nous ignorons
l'origine de bien des mouvements, de ceux par

exemple qui dérivent de l'attraction moléculaire ou de l'électricité. Généralement, tous les corps obéissent aux forces que nous groupons sous la dénomination de physico-chimiques, mais on hésite à ranger dans cette classe le principe moteur et directeur qui, appliqué à des organes extraordinairement subtils et délicats, entretient pour un temps la vie chez les êtres animés. Un corps vivant est caractérisé, du moins en apparence, par une indépendance complète de fonctions et par une façon d'individualité se révélant sous des formes spéciales. A ce titre-là, les cristaux seraient doués de vie. Pourquoi pas ? Ils possèdent plusieurs propriétés communes aux végétaux et aux animaux ; chacun d'eux affecte une forme typique pour une composition chimique déterminée et peut s'accroître dans les eaux-mères sans cesser d'être semblable à lui-même ; on le divise aisément suivant des plans dits de clivage, de telle sorte que chaque morceau, quoique modifié, conserve encore des formes géométriques. Il est donc certain qu'une cause spéciale, encore inconnue, préside à cet arrangement moléculaire, et que les cristaux réalisent un progrès sur la matière brute. Partant de cette idée qu'un corps nettement distinct de ce qui l'entoure est vraisemblablement le théâtre d'actions et de réactions harmoniques, on est allé jusqu'à donner une vie propre à la terre, à la lune, aux planètes, au soleil et à toutes les étoiles, à leur attribuer une âme. Mais, afin de ne pas dénaturer le sens habituel de ce mot, nous ne l'emploierons que pour le règne animal.

Ainsi que nous l'avons exposé, la cellule est le siège d'une force indépendante, qui lui permet de constituer, à elle seule, un être complet ; elle s'accroît, se conserve et se reproduit, grâce à un travail moléculaire dont nous ne pouvons encore pénétrer la cause. Rarement une cellule reste isolée ; elle s'associe ordinairement à d'autres suivant des modes variés de juxtaposition et de reproduction, pour former un corps vivant dont toutes les cellules, par suite d'un phénomène inexpliqué, travaillent en vue de lui procurer une existence propre et individuelle. Cette unité dans le but est le côté absolument mystérieux du principe de vie ; on résume le fruit de tant de collaborations intelligentes en disant que tout corps vivant a une âme, réunion ou intégrale de toutes les âmes partielles de ses éléments. Il est à peine besoin de faire remarquer que l'anima des anciens s'appliquait seulement aux êtres possédant la faculté de sentir, ou plus particulièrement de respirer.

Les animaux sont conçus, vivent et meurent. L'âme, synthèse des mouvements du corps, passe par les mêmes phases, mais son individualité n'est pas le résultat d'une création ; comme son enveloppe matérielle, elle emprunte son essence à un être générateur, et comme elle, elle se transmet par subdivision à un descendant. Aussi peut-on affirmer que les âmes, comme les corps, forment une chaîne continue depuis le premier être vivant jusqu'à nous. Pour parler la langue des naturalistes, nous dirons qu'un jour arriva sur la terre où, dans des conditions particulières, des molécules matérielles se groupèrent sous l'influence de vibrations rythmiques de l'éther, et que la faculté de propager ces mouvements en se subdivisant a permis à cet embryon de se perpétuer jusqu'à l'époque actuelle, avec des modifications imposées par les changements de température et de milieu. Ici nous frappons à la porte de l'école transformiste, dont Darwin est le chef incontesté.

D'autres savants avant lui, s'appuyant sur les faits dévoilés par l'anatomie comparée et la paléontologie, avaient avancé que le règne animal forme une seule unité, un tout composé d'individus qui se sont transmis par l'hérédité les modifications provenant des conditions variables du milieu où ils ont vécu. Mais, tandis que Lamarck se faisait prématurément l'apôtre des idées nouvelles, Cuvier, qui avait employé tout son génie à reconstituer les êtres représentés par de simples échantillons fossiles, mit par un aveuglement inexplicable tout son entêtement à étouffer la doctrine naissante de l'évolution naturelle, et l'autorité de son nom, corroborée par des superstitieuses croyances, arrêta pendant de nombreuses années tout progrès dans cette branche de la science. Ne nous pressons pas trop, cependant, de relever cette erreur d'un grand homme; les vérités destinées à révolutionner le monde ont besoin du temps pour se faire accepter.

Les êtres vivants présentent généralement une certaine conformité de structure; mais si l'on établit entre eux une classification basée sur le degré de leur perfectionnement organique, puis qu'on les groupe dans la série d'après des traits caractéristiques de ressemblance, on est frappé surtout des rapports intimes qui ménagent la transition d'un groupe au groupe voisin. Cette observation, jointe aux témoignages de la géologie qui nous montre la vie progressant matériellement avec la superposition des couches sédimentaires, donnait de fortes présomptions en faveur d'une descendance unique, mais il s'agissait de démontrer comment les modifications avaient pu se produire incessamment. Darwin a entrepris avec succès cette tâche dans son remarquable ouvrage — *De l'origine des espèces*, — publié en 1859.

Il établit d'abord que les organes et les instincts sont, à un degré si faible que ce soit, variables; l'aptitude à varier se rencontre universellement dans la nature, elle naît spontanément du temps et du changement des conditions du milieu, et l'homme lui-même l'utilise en choisissant les variations qui lui plaisent, pour les accumuler dans une direction déterminée.

En second lieu, Darwin fait valoir une concurrence vitale universelle, ayant pour effet de perpétuer chaque utile déviation de structure ou d'instinct. La conservation des races et des individus favorisés dans la lutte perpétuellement renouvelée au sujet des moyens d'existence a pour conséquence, d'abord d'opérer l'extinction de quelques espèces ainsi que le prouve la paléontologie, ensuite de fixer quelque changement de forme d'où résulte une meilleure adaptation d'organes aux conditions physiques environnantes.

Enfin le troisième principe posé par Darwin, c'est que chaque degré de perfection d'un organe quelconque peut avoir existé, chacun de ces degrés étant bon dans son espèce. Nous généraliserons cet énoncé en ajoutant que tous les perfectionnements successifs, lentement préparés par les modifications du milieu, ont imprimé à l'évolution organique ce caractère de continuité qui constitue la loi universelle du monde animé.

Ce grand naturaliste conclut de ces considérations, quoique timidement, que tous les animaux et toutes les plantes pourraient bien descendre d'un seul prototype, les formes inférieures des deux règnes se confondant au point qu'en dernière analyse, toute distinction devient impossible. La science a marché depuis lors, elle a cherché et croit avoir trouvé le prototype entrevu par Darwin.

La nature, tout nous l'enseigne, procède du simple au composé; il s'agissait donc de saisir la vie dans sa plus naïve expression. Tous les tissus organiques, analysés par la chimie, se résolvent en les mêmes corps simples que la matière brute, mais ils renferment sans exception une énorme proportion d'eau, s'élevant dans le corps humain jusqu'à 70 pour cent. C'est à cet élément que la plupart d'entre eux doivent leur consistance demi-solide, demi-liquide, combinée avec une remarquable élasticité. En rapprochant ce fait de ce que la géologie nous a appris sur la formation par voie aqueuse des terrains sédimentaires, nous sommes conduits à admettre que les premiers organismes ont pris naissance dans l'eau. C'est donc au sein des mers qu'il fallait chercher un spécimen des origines de la vie.

On a découvert dans l'océan, et souvent à de grandes profondeurs, une matière albuminoïde, formée d'une combinaison de carbone avec l'hydrogène et l'azote, avec addition en proportions variables de soufre, de fer et de phosphore. Elle vit, s'accroît et parvenue à un certain volume, s'étire et se divise en deux tronçons qui deviennent des êtres distincts. C'est le protoplasma, considéré comme l'élément le plus simple de la vie. On peut se rendre compte de quelques-unes des circonstances qui ont accompagné sa formation au début et qui, peut-être, ne cessent de le produire de nos jours. La vapeur d'eau répandue en grande quantité dans l'atmosphère de l'époque primitive du globe, commença à se condenser dès qu'il se fut suffisamment refroidi ; elle constituait de vastes surfaces liquides lorsque la température s'abaissa à 50 ou 60 degrés, point de chaleur assez modéré pour ne pas détruire les organismes vivants. Toutes les eaux n'étaient pas uniformément chargées de ces roches désagrégées qui devaient composer les dépôts de sédiment ; par place se trouvaient seulement des molécules dont la combinaison donne lieu à du protoplasma. Leur rapprochement s'opéra sous l'influence de leur attraction mutuelle, combinée avec un mouvement lent et prolongé du milieu ambiant ; peut-être aussi fut-elle favorisée par les trépidations sismiques, presque continuelles à l'aurore de la vie. D'autres causes intervinrent sans doute pour douer le corps nouveau de la faculté de se nourrir, de grossir et de se multiplier, mais il nous est interdit de pousser plus loin nos investigations, dans l'état actuel des sciences naturelles.

Plus tard, des fragments de cette gelée s'entourèrent d'une mince enveloppe pour former une cellule microscopique qu'on désigne sous le nom de monère. Il est très intéressant de constater qu'on rencontre, au seuil de la vie terrestre, l'élément organique qui servira de germe à tous les êtres animés, sans en excepter l'homme. La monère grossit, se segmente à l'intérieur, puis, à la limite de sa croissance, déchire sa membrane extérieure d'où s'échappent des cellules plus petites qui deviennent monères à leur tour. Ces corpuscules, véritables êtres vivants, jouissent déjà d'une certaine mobilité ; quand ils veulent se déplacer, il leur pousse des rayons qui leur servent de pieds, et ils sont pourvus de cils ou lobes, pseudopodes rudimentaires qui s'avancent en saillie ou se raccourcissent à volonté. Ces éléments cellulaires ne restent pas toujours isolés ; certains d'entre eux tels que les rhizopodes forment, en s'associant, des colonies présentant une pelote vivante hérissée de cils vibratiles qui donnent de l'extension à leurs mouvements et facilitent la capture de la proie nécessaire à leur alimentation. Comme exemple du perfectionnement organique, suivons le développement progressif de ces êtres nouveaux. Leur première conformation était bien imparfaite, et leur appareil buccal absolument rudimentaire. Mais à mesure que les repas se multipliaient, la bouche gagna en profondeur ; elle devint un estomac qui rejetait par la même voie les matières non assimilées ; et, à la longue, le trou creusé toujours plus avant perfora l'extrémité opposée. L'animal était pourvu d'un tube intestinal complet.

L'amibe accuse un progrès marqué sur la monère, car la masse granuleuse dont cette cellule est composée s'enrichit d'un noyau pourvu de nucléole; c'est l'œuf complet du mammifère, avec un mode semblable de reproduction, mais la fécondation de l'ovule n'arrivera que bien plus tard.

La multiplication des êtres les plus élémentaires commence donc par la scission ou division du corps en plusieurs fragments dont chacun devient un être complet. Elle se continue par voie de bourgeonnement, chaque être produisant, à la façon des plantes, des germes ou bourgeons qui se détachent bientôt pour constituer de nouveaux individus. Ici, déjà, se manifeste une importante différenciation : tandis que, dans le premier cas, les descendants sont une fraction aliquote, la moitié, le quart, le huitième, et toujours une portion comparable de l'ascendant, dans le second, le bourgeon est de beaucoup plus petit que l'arbre générateur, et a besoin de grandir pour lui devenir égal.

D'autres animaux ne tardèrent pas à émettre spontanément un ou plusieurs œufs, dont l'évolution suivait toutes les phases par lesquelles le générateur était passé. Ces divers modes de reproduction n'avaient pas d'ailleurs une fixité absolue ; les mêmes individus qui avaient procédé par bourgeonnement dans leur jeune âge, changeaient plus tard de manière et produisaient des œufs.

Le progrès, chez ces êtres asexués, commença

par la différenciation de plus en plus nette de l'appareil génital. Le même individu se trouva pourvu des deux organes mâle et femelle ; c'était un hermaphrodite se suffisant à lui-même pour la reproduction. Mais l'organe mâle s'étant, par la suite, écarté progressivement de l'organe femelle, les hermaphrodites, incapables de se féconder eux-mêmes, s'accouplèrent en agissant l'un sur l'autre comme mâle et femelle à la fois. A la longue, chez les hermaphrodites de la veille, l'un des organes génitaux s'atrophia, puis disparut, tandis que l'autre prenait plus d'ampleur et de volume. Cette séparation absolue des sexes ne fut bien définitive qu'à l'apparition des vertébrés dont les ancêtres, les tuniciers, à en juger par leurs représentants actuels, étaient hermaphrodites.

Les phénomènes de parthénogénèse ou reproduction virginale, et de métagénèse ou génération alternante, qu'il est facile de constater chez certaines espèces, montrent bien, d'ailleurs, l'apparente confusion qui n'a cessé de régner dans la reproduction avec ou sans sexe. Remarquons toutefois que, dans ces deux cas, il y a toujours retour à la fécondation sexuelle, c'est-à-dire que l'élément anatomique mâle doit, de distance en distance, apporter quelque chose qui est nécessaire à la perpétuité de l'espèce.

Il n'entre pas dans notre plan de suivre en tous détails le développement de la vie à travers les âges.

Nous nous contentons de constater que le progrès s'est accusé par la distinction de plus en plus nette des sexes chez les espèces supérieures, en même temps que par la formation toujours plus parfaite des individus à leur naissance. Aussi passerons-nous sur les zoophytes, les vers, les mollusques, les échinodermes et les arthropodes, pour aborder la classe des vertébrés qui se termine à l'homme.

Nous nous proposons d'examiner, dans le chapitre suivant, quel concours de circonstances a pu transformer le singe en être raisonnable. En attendant, et ce fait considéré comme acquis que nous sommes des vertébrés arrivés au plus haut point de perfection, nous allons chercher, parmi les plus humbles représentants des mammifères, quels furent nos ancêtres communs.

Au bas de l'échelle, on remarque les Marsupiaux, caractérisés dans l'œuf par l'absence de placenta, et dans l'adulte par la présence d'une poche profonde sous le ventre, et par le développement des membres abdominaux. Le Kanguroo géant, type de cette espèce vivant en Australie, se meut par bonds saccadés et quelquefois prodigieux en s'aidant, non pas des extrémités antérieures, mais de sa queue comme d'un levier, On voit déjà poindre chez lui l'aptitude à la station verticale et la conformation du singe.

Le groupe immédiatement supérieur des mammifères à placenta s'ouvre par l'ordre des Prosmiens, liés du reste très étroitement aux Marsupiaux de la famille des Sarrigues. Les plus intéressantes espèces qu'on y rencontre, les Galéopithèques, les Loris, les Indris, sont déjà désignés en certains pays sous le nom de singes.

C'est vraisemblablement au début de la période éocène que les singes se différencièrent des Prosmiens. On les range aujourd'hui, de même que l'homme, dans l'ordre supérieur des Primates qu'on avait auparavant, mais à tort, divisés en Quadrumanes et en Bimanes. On a reconnu en effet que les prétendues mains postérieures des singes étaient, comme chez les Bimanes, de véritables pieds qui, par suite de leur genre de vie, avaient conservé l'usage de la préhension. Cette particularité se rencontre également dans l'espèce humaine, chez les peuplades sauvages comme dans le monde civilisé. Il arrive souvent que les mariniers chinois rament avec leurs pieds ; nous savons que l'enfant au berceau cherche à prendre avec ses orteils comme avec ses doigts, et l'on a vu des peintres privés de leurs bras acquérir, par l'exercice des pieds, une merveilleuse dextérité.

Les singes proprement dits ne vivent que dans les régions chaudes du globe. On les répartit en deux groupes très distincts, ceux du nouveau et ceux de l'ancien continent. Les premiers, comprenant deux familles, les Arctopithèques et les Platyrhiniens, sont caractérisés par l'écartement des narines, par l'épaisseur de la cloison du nez et par le nombre des dents qui va jusqu'à 36 ; les seconds, divisés en Catarhiniens et Anthropoïdes, s'en distinguent par la cloison nasale étroite, les narines rapprochées et dirigées en bas ; leurs mâchoires sont toujours pourvues de 32 dents, comme les nôtres.

Ce sont les Anthropoïdes qui, leur nom l'indique, se rapprochent le plus de l'homme. On a souvent répété que le Gibbon, l'Orang-Outang, le Chimpanzé et le Gorille différaient plus des autres Singes que des types les plus dégradés de notre espèce ; on pourrait en effet, surtout avec les trois derniers, composer un être dont certains d'entre nous n'auraient pas à rougir de reconnaître la parenté. Lequel de ces Simiens supérieurs a quelque raison de prétendre à l'honneur insigne de compter le roi de la terre dans sa lignée ? L'opinion qui prévaut, c'est que peut-être à l'époque tertiaire vivait une autre race de Singes, aujourd'hui disparue, laquelle se rapprochait encore davantage de notre conformation, et qui aurait fait place à l'homme dès l'origine des temps quaternaires ; mais on manque de pièces à conviction. Les recherches du géologue auront certainement pour résultat d'éclairer ce côté obscur de la science anthropologique.

VII

FORMATION DE LA MAIN DE L'HOMME.

L'homme n'est arrivé à la domination universelle qu'en fabricant de puissants engins de destruction. Un pareil résultat, obtenu par un être primitivement chétif et désarmé, mérite d'exercer la sagacité des penseurs. Réduit d'abord à se défendre avec des pierres ou un bâton, pourchassé par de puissants ennemis, il employa toutes les ressources de son industrie naissante à se créer des armes plus perfectionnées. On s'accorde à distinguer trois époques dans les premiers âges de l'humanité : l'âge de la pierre, celui du bronze et celui du fer. Le premier, subdivisé en deux périodes distinctes, comprend au début celle de la pierre taillée, et plus tard celle de la pierre polie. La pierre travaillée et emmanchée constituait bien un progrès, mais la découverte du cuivre et du bronze, qui supposait déjà une intelligence développée, fut une grande révolution ; elle assura la supériorité, non seulement des hommes sur les animaux, mais encore des hordes qui s'en servaient sur celles qui s'attardaient à la pierre. A son tour, le bronze fut détrôné par le fer, dont le règne durera autant que l'humanité ; les possesseurs de ce terrible métal n'eurent qu'à paraître pour refouler ou exterminer tout ce qui en ignorait l'usage et, la lutte devenant inégale pour tous les autres animaux, ils purent s'établir librement dans les contrées les plus fertiles.

Est-ce la main de l'homme, est-ce son intelligence qui a opéré ces prodiges? Par ordre de date, nous répondrons : c'est la main. La possibilité de façonner quelque objet fut une révélation d'idées nouvelles ; malgré l'imperfection de ses premières ébauches, l'homme-singe entrevit les moyens de mieux faire, et l'instinct stimulé par les résultats obtenus ne tarda pas à devenir de l'intelligence. Un effort mental considérable accompagnait ces essais rudimentaires, et communiquait aux cellules grises du cerveau une activité qui se traduisait physiologiquement par un excès de nutrition. L'organe de la pensée dut naturellement se développer comme la pensée elle-même, et l'extension de la surface corticale des hémisphères suivit tous les progrès de la main. Voici dans quelles conditions nous supposons qu'a commencé cette merveilleuse transformation.

Si l'on examine la main d'un singe d'espèce supérieure, on est frappé de son développement dans le sens du bras ; le carpe et le métacarpe sont démesûrement allongés, les doigts restant plus grêles et plus grands que les nôtres ; le pouce n'est qu'un appendice rudimentaire, inutile, atteignant à peine de son bout la racine des premières phalanges ; le thénar n'existe pour ainsi dire pas. Cette forme de la main de l'anthropoïde n'est que la conséquence de son genre de vie. L'habitude de grimper et surtout de se suspendre aux branches a distendu les cartilages des articulations du bras tout entier, et spécialement du crochet préhenseur qui le termine ; le pouce plutôt gênant qu'utile dans cette attitude ne possède aucun mouvement propre et paraît dégradé ; la main ne servant presque pas à la compression, son système musculaire est atrophié dans le sens des mouvements correspondants. Il résulte de cette conformation que le pouce ne s'oppose aux doigts que par simple contact, et qu'il n'est capable que d'un effort musculaire insignifiant.

La station verticale et l'appui sur les seules extrémités postérieures ne sont qu'accidentels chez les grimpeurs. Aussi voyons-nous le singe conserver pendant la marche l'habitude de fermer les orteils, en sorte que le pied ne repose sur le sol que par leur face dorsale et par l'extrémité de sa plante ; il ne possède pas, à proprement parler, de membres appropriés à la sustentation, et la vie arboricole a tellement confondu ses pieds avec ses mains, qu'il est généralement qualifié de quadrumane.

Imaginez que le chimpanzé, habitant des forêts, soit subitement transporté dans une contrée dépourvue d'arbres. Obligé de vivre à terre, il marchera d'abord plus fréquemment à quatre pattes et restera habituellement accroupi. Dans cette attitude, il passera son temps à saisir des objets, à les manier ; et, devenu plus habile par cet exercice prolongé, il en arrivera à la marche debout pour ménager les extrémités qui lui rendent de si précieux services. Le pied, obligé de supporter tout le poids du corps, se placera d'équerre sur la direction de la jambe et allongera ses orteils fatigués de peser sur leur face dorsale ; en même temps il s'affermira et s'élargira au point d'approcher de plus en plus de la forme humaine.

Cependant les articulations de la main, comme du bras, auront cessé de se distendre et se raccourciront insensiblement ; tout se passera comme si, le carpe, le métacarpe et les doigts n'ayant pas varié, le pouce avait gagné en longueur. Par suite ce dernier s'opposera plus facilement aux phalanges, et la continuité de cet exercice développera son système musculaire au point d'en faire un pouce humain.

Il ne suffisait pas, pour accomplir cette mémorable transformation, que l'animal fût mis hors d'état de grimper ; il lui fallait encore des conditions favorables de température et de milieu, un sol fertile et une sécurité absolue : des fruits abondants et variés pour prospérer et se multiplier, le calme nécessaire pour permettre à l'intelligence de se développer parallèlement au corps. Or la géographie nous montre une vaste région où tous ces desiderata paraissent réunis.

On place généralement le berceau de notre race dans la partie centrale de l'Asie : le plus grand nombre, à l'ouest de la Chine, d'autres plus au nord, et quelques-uns enfin, dans l'antique Lémurie, que baigne aujourd'hui l'Océan Indien. Dans l'impossibilité où nous sommes de reconstituer un continent qui n'existe plus, nous nous rangeons à l'opinion la plus accréditée, et c'est dans le Turkestan que nous chercherons la patrie de nos ancêtres.

Depuis l'inauguration du chemin de fer russe de la mer Caspienne à Samarcande, tout le monde connaît de nom le territoire considérable qui s'étend à l'est de cette mer et au nord des chaînes qu'on appelle montagnes du Khorassan, monts Gour et Hindou-Couch ; c'est le Turkestan proprement dit, limité à l'est par le Turkestan Chinois. Un grand fleuve, l'Amou-Daria, ou Oxus des anciens, l'arrose dans presque toute sa longueur, du sud-est au nord-ouest ; il prend sa source au pied du plateau de Pamir, traverse une vaste plaine formée de sables noirs à gauche et de sables rouges à droite, et va se jeter dans la mer d'Aral, qui reçoit également un autre fleuve, le Syr-Daria, limitant le Turkestan au nord-est. Une particularité curieuse résulte de la présence des sables dans le bassin de l'Oxus : tous ses affluents, depuis son embouchure jusqu'au Gori qui le rejoint dans son cours supérieur, se perdent avant d'arriver jusqu'à lui, de sorte qu'on peut côtoyer ses deux rives sur un immense parcours sans rencontrer d'obstacles naturels.

La vallée de l'Oxus est fertile, du moins dans les oasis qu'a épargnées l'envahissement des sables, et abonde en excellents fruits, mais elle ne présente pas une haute végétation. On ne trouve nulle part des forêts, et lorsqu'il s'est agi de construire le pont en bois du chemin de fer Transcaspien, il a fallu tirer tous les matériaux du Caucase. Il ne paraît pas non plus que le Turkestan ait jamais servi de repaire aux bêtes féroces qui n'y trouveraient aucun abri ; les sauriens n'habitent pas les cours d'eau ; les caravanes qui franchissent le désert n'y rencontrent que des gazelles ou des ânes sauvages, et les tigres en petit nombre qu'on chasse dans les fourrés s'étendant entre Bokhara et Samarcande, ne pénètrent pas dans la vallée du grand fleuve à cause de la solution de continuité de ses affluents.

Le climat de la contrée varie notablement suivant l'altitude. Entre Balkh et la mer d'Aral et sur tout le parcours du désert, la température est assez élevée ; elle l'était certainement davantage à l'époque à laquelle nous allons faire remonter le lecteur.

Le Turkestan présentait-il, dans la seconde moitié de la période tertiaire, la même configuration qu'aujourd'hui ? Nous l'admettrons, sans que cependant il soit prouvé que les soulèvements des montagnes voisines datent d'une époque antérieure. La seule différence consisterait en ce que l'Oxus, qui portait une de ses branches dans la mer Caspienne, ne se déverse maintenant que dans la mer d'Aral. Mais ce détail a peu d'importance, et l'on a même constaté que, depuis les temps historiques, ce fleuve a plusieurs fois changé de lit dans son cours inférieur.

Il est possible qu'avant l'époque quaternaire, des tribus de Simiens chassées des pentes boisées des montagnes, soit par l'abaissement de la température, soit par les incursions d'animaux féroces, se soient engagées dans la vallée de l'Oxus par ses deux rives qu'elles parcoururent librement jusqu'à la mer. C'est alors que se serait déroulée cette existence paisible qui les fit passer, vil troupeau, à l'état d'êtres intelligents. Cette évolution remarquable entre toutes demanda sans doute un temps considérable pour s'accomplir, et peut-être n'était-elle pas achevée quand les premiers humains se répandirent sur les contrées voisines. Rien n'empêche en outre d'admettre que les tribus réparties des deux côtés du fleuve appartenaient à la même espèce; et comme les moyens manquèrent longtemps pour franchir une nappe d'eau de cette importance, de cette séparation auraient résulté deux races humaines de types bien distincts. Les habitants de la rive gauche, quand la population fut devenue trop dense et que leur industrie leur permit de longs voyages, contournèrent le bord oriental de la mer Caspienne, pour se répandre dans la Perse et gagner les diverses contrées de l'Inde, de l'Asie mineure, de l'Arabie et de l'Afrique ; ceux de la rive droite, remontant ou franchissant le Syr-Daria, abordèrent les extrémités orientales de l'Asie et poussèrent jusque dans les deux Amériques. Toutes ces migrations furent incessantes et innombrables, et l'histoire relativement récente des invasions des barbares témoigne de la fécondité de la race à laquelle nous appartenons.

Il serait difficile de dire à quel moment ces hordes sauvages méritèrent la qualification d'êtres raisonnables ; tout au plus pourrait-on leur attribuer quelque intelligence à l'époque où elles se sentirent assez fortes pour se détacher de la souche commune. Même alors, il ne faut pas se le dissimuler, elles participaient plus de la bête que de l'homme tant au physique qu'au moral, et dépassaient en dégradation les plus hideux spécimens de notre espèce. Les découvertes les plus récentes permettent de saisir quelques phases de la progression par laquelle nos misérables ancêtres ont passé. Des fouilles exécutées à l'emplacement des cités lacustres ont mis au jour, au milieu d'objets variés, des épées dont la garde dénote un poignet moins large que celui de l'homme moderne. Les débris trouvés dans les cavernes ajoutent à cette particularité des données intéressantes : les crânes humains sont petits et déprimés, les ossements appartiennent à des individus de taille ordinaire, et l'on doit mettre au rang des chimères tout ce qui a été avancé sur la stature des géants préhistoriques.

Les origines de l'homme resteront toujours enveloppées d'un voile que nous n'avons pas la prétention de soulever, mais les faits déjà constatés nous obligent à rejeter les riantes fictions de la genèse biblique. Notre but, à nous, était d'indiquer quel concours de circonstances a vraisemblablement préparé la curieuse transformation d'une espèce simienne en espèce humaine, et comment elle résulte d'une simple modification de la main. En somme, l'apparition de l'homme sur la terre est un pur accident et ne tient qu'à une configuration géographique particulière, sous un climat approprié. Cette évolution ne fut pas sans doute isolée, et l'histoire naturelle nous en fait supposer d'autres qui ont avorté pour n'avoir pas été aussi bien servies par les circonstances. Il est probable, par exemple, que le gorille, dont les extrémités présentent de si grandes ressemblances avec les nôtres, s'est trouvé placé dans des conditions favorables à une évolution supérieure, et que diverses causes, telles que l'absence de sécurité, l'ont arrêté à mi-chemin (*).

Nous avons été heureux entre tous, mais le bonheur n'autorise pas l'orgueil, et nous nous servirions mal de notre intelligence si nous exagérions l'importance du rôle qui nous est dévolu ici-bas. Tout un monde vivait avant nous, et pouvait fort bien se passer d'un tyran qui se persuade qu'il est le couronnnement de la création, parce qu'il règne sur un atome perdu dans l'immensité des cieux.

L'homme est tout entier dans sa main, et si jamais quelque animal voulait lui disputer le premier rang, c'est avec une arme d'égale puissance qu'il devrait entreprendre la lutte. Mais il aura toujours affaire à un ennemi vigilant, qui ne laissera pas à la nature le temps d'accomplir cette nouvelle évolution.

VIII

LES DEUX RACES HUMAINES PRIMITIVES

Quand on considère le nombre et la diversité des questions qui se rattachent aux races humaines, l'étendue des connaissances et des recherches qu'elles comportent, on comprend combien il est difficile de les traiter avec compétence et autorité. Quel vaste champ d'études, en effet! L'éthnologie fait appel aux lumières techniques du médecin, qui seul tirera un parti judicieux des ressources de l'anatomie comparée et des pièces à conviction qu'offre la structure humaine. Mais déjà l'homme contemporain ne suffit plus aux investigations de l'anthropologiste; il fouille les entrailles de la terre pour leur arracher d'antiques débris dont il se compose un musée; il relève jusqu'au moindre vestige laissé par les races disparues dans les cavernes préhistoriques, dans les lacs, les tombeaux, les palais et les temples; il refait l'histoire en associant la légende aux témoignages authentiques, il interroge les ruines qui, depuis Champollion, ont appris à répondre, il compare les langues et débrouille leurs dialectes, dont on parle aujourd'hui plus de cinq mille; et, pourvu d'un bagage philologique complet, il parvient à saisir des liens de parenté entre des peuples réputés, jusqu'alors, absolument étrangers les uns aux autres.

Sa qualité de savant lui impose, d'abord de se prononcer entre les monogénistes et les polygénistes, ensuite de faire son choix parmi les nombreux caractères distinctifs des races. Après avoir mûrement examiné et minutieusement mesuré tous les crânes et tous les squelettes, il posera des conclusions sur la dolicocéphalie et la brachycéphalie, sur le prognatisme et l'orthognatisme. Au risque d'aboutir à des résultats contradictoires, il débattra les conséquences à tirer des variations de l'élément pileux, et classera ses semblables en léiotriques et en ulotriques, tout en reconnaissant que la couleur de la peau, qui présente toutes les nuances du blanc au noir en passant par le jaune, le cuivré, l'olivâtre et le brun, a une indiscutable valeur. Est-il encore imbu de vieux préjugés, il se mettra consciencieusement d'accord avec la tradition biblique, et, solide sur cet appui, il emploiera ce qui lui sera resté de patience à reconstituer les troncs principaux dont se sont détachés tant de rameaux divers.

Nous n'avons pas de pareilles prétentions et notre tâche sera modeste et limitée. Nous nous proposons simplement d'expliquer comment, d'une seule espèce de singes, a pu dériver originairement une double race d'hommes dont les traits caractéristiques se seraient perpétués jusqu'à l'époque actuelle. A défaut d'autre mérite, nous pensons avoir celui d'indiquer une base sur laquelle les monogénistes et les polygénistes pourraient se mettre d'accord.

L'Asie centrale, selon nous le Turkestan, est la région où s'accomplit, il y a quelque cent mille ans, la grande évolution humaine ; c'est de là que partirent successivement ces nombreuses migrations qui ont fini par envahir toute la terre. Le mouvement s'opéra donc dans le sens d'un rayonnement continuel ayant ce centre pour point de départ ; et tel a été, pendant une période prolongée, le débordement de sève vitale autour de l'Oxus, que les premières hordes, poussées sans cesse devant elles par un flot toujours renouvelé, se trouvèrent au bout d'un certain temps refoulées aux extrémités des continents. Aussi bien est-ce aux points les plus excentriques de la périphérie que nous devons chercher les représentants vraiment authentiques de l'évolution primordiale. Assurément quelques mouvements en arrière, quelques retours offensifs se produisirent, mais d'une façon temporaire et finalement inefficace ; et les tribus ainsi acculées à la mer ne durent leur conservation qu'à l'interposition d'obstacles naturels, ou bien à la stérilité et à la désolation des lieux qui leur étaient fatalement imposés comme résidence. C'est donc en prenant le Turkestan pour centre, et en furetant dans les pointes les plus reculées et les moins habitables des continents, que nous rencontrerons sûrement les descendants en ligne directe des premiers humains.

En l'état actuel de nos connaissances anthropologiques, l'homme aurait fait son apparition avant la fin de l'époque tertiaire. Notre globe présentait alors une configuration peu différente de ce qu'elle est aujourd'hui. Toutefois on doit admettre que plusieurs continents, maintenant séparés, étaient encore reliés entre eux : l'Angleterre tenait à la France et l'Espagne à l'Afrique ; le détroit de Behring n'existait pas et l'Australie, la Nouvelle-Guinée, les îles de la Sonde et Bornéo communiquaient entre elles et avec la presqu'île de Malacca ; peut-être faisaient-elles même partie d'un grand continent appelé Lémurie, qui se soudait aux Indes Anglaises.

Si l'on fait passer, sur un planisphère terrestre, une ligne droite correspondant au cours moyen de l'Oxus, elle aboutira, d'une part à la péninsule Scandinave, de l'autre à l'Australie. On aura ainsi divisé la masse des continents en deux parties dont l'une comprend presque toute l'Asie, à laquelle nous rattachons l'Amérique, et l'autre, le reste de l'Asie, l'Afrique et l'Europe à l'exception de sa partie nord; dans ce second groupe nous comprenons l'Australie et le vaste archipel qui la sépare de la presqu'île de Malacca. Cette division correspond assez nettement à quatre catégories bien tranchées de races : la jaune et la rouge à l'est, la noire et la blanche à l'ouest ; nous ne tenons pas compte, bien entendu, des éléments hétérogènes que les invasions ont introduits depuis quelques siècles seulement dans certaines régions, dans les deux Amériques par exemple. Il nous paraît dès lors évident que les plus anciennes migrations humaines ont suivi deux courants à peu près invariables et parfaitement distincts; les tribus de la rive droite de l'Oxus se seraient mises en marche vers l'est et le nord, et celles de la rive gauche vers le sud et l'ouest.

A en juger par le temps nécessaire à l'accomplissement de chaque évolution, ces mouvements durèrent un nombre considérable de siècles; il nous semble toutefois possible, en examinant de quelle manière les races se trouvent réparties dans le sens de la périphérie, d'assigner deux époques principales à ces migrations. Les Nègres auraient quitté la rive gauche de l'Oxus à peu près en même temps que les Peaux-Rouges s'éloignaient de la rive droite, et le départ ultérieur des Jaunes Mongols aurait coïncidé avec celui des Blancs Caucasiques; cette distinction chronologique correspond à une différence marquée dans le degré de perfectionnement des races. Les Nègres et les Peaux-Rouges, partis les premiers, n'étaient pas des hommes achevés et ne devaient jamais le devenir en abandonnant d'une façon prématurée le lieu le plus favorable à leur transformation. L'absence de sécurité, les accidents de toute sorte qui accompagnèrent leurs pérégrinations, les retinrent dans un état d'infériorité qui durera toujours si le contact des peuples civilisés n'entraîne pas leur totale destruction. On trouve au contraire chez les Mongols, aussi bien que chez les Blancs, dès l'époque la plus reculée, les caractères d'une évolution beaucoup plus complète; et quoique l'Européen de nos jours se flatte d'avoir distancé tous les autres peuples, il serait téméraire d'affirmer que l'Occident l'emportera sur l'Orient quand la concurrence des intérêts les aura mis aux prises.

Nos premiers aïeux, de même que leurs ancêtres simiens, avaient probablement la peau jaune plus ou moins foncée, avec poils tirant sur le brun ; les modifications de couleur furent le résultat d'influences climatériques. Les teintes originelles se conservèrent, ou à peu près, chez les tribus qui se fixèrent dans les contrées voisines du Turkestan ou présentant avec lui de grandes analogies de climat ; tel est le cas des Siniques. La peau et les cheveux noircirent dans les pays tropicaux et prirent par contre des teintes plus claires dans les régions tempérées ; il est facile de suivre la progression des nuances avec la latitude. La constitution du tube capillaire a conduit également à répartir les races en léiotriques et ulotriques, mais il ne faut pas attacher une trop grande importance à cette division, car non seulement les mêmes hommes, placés dans des conditions différentes, subissent des variations dans l'élément pileux, mais encore on a constaté que certaines maladies produisent des effets analogues.

Si maintenant nous voulons remonter aux premières migrations humaines, et saisir les types de ces âges, tels que le temps a pu nous les conserver, nous commencerons par la race Rouge, dont nous trouvons les spécimens les plus dégradés à la pointe sud de l'Amérique méridionale ; ce sont les Fuégiens, habitants de la Terre de Feu. Il existe bien, dans les deux Amériques, nombre de hordes qui paraissent aussi barbares, mais nous devons admettre qu'elles ont émigré plus tard et qu'elles ont refoulé devant elles, en venant de l'Asie centrale par le détroit de Behring alors comblé, ce misérable échantillon de notre espèce. En même temps que les Peaux-Rouges à l'Orient, les futurs Nègres se répandaient à l'Occident, mais surtout en Afrique dont le climat et la fertilité convenaient mieux à leur indolence. Les premiers partis furent ceux que nous trouvons acculés au bout de l'Afrique australe, et qu'on nomme Hottentots et Boschimans ; ces peuplades n'ont pas le teint noir comme les autres nègres parce qu'elles habitèrent très longtemps la colonie du Cap, d'où elles furent chassées au nord dans les solitudes reculées et incultes du Kalahari. Enfin par le sud et à la même époque, d'autres tribus appartenant à cette évolution se répandaient dans les Indes, dans le sud-est de l'Asie, dans le continent Australien et les terres voisines. Nous placerons donc les populations inférieures de l'Inde, les Australiens et les Papous de la Nouvelle-Guinée parmi les congénères des Hottentots et des Boschimans.

Pendant que les Peaux-Rouges prenaient possession du continent Américain, les Nègres continuant leur mouvement vers le sud-ouest, achevaient d'envahir l'Afrique, et nous trouvons aujourd'hui leurs plus importantes tribus refoulées vers le Sénégal, la Guinée et le Congo. A l'époque où commença le déplacement des Mongols, la rive gauche de l'Oxus fut probablement abandonnée par des hordes appartenant à la race brune ou Malaise *, qu'on rencontre très disséminée dans la Polynésie, la presqu'île de Malacca, les îles de la Sonde, Bornéo, etc.; on la retrouve aussi dans l'Inde, la Haute-Égypte, le Darfour, l'Abyssinie, ce qui montre bien qu'ils n'émigrèrent qu'après les Noirs proprement dits.

Enfin l'évolution de la race Mongolique, se déroulant parallèlement à celle de la race Caucasique, donna lieu concurremment avec elle à l'espèce supérieure qui peuple les pays les plus civilisés du globe. Les Blancs eurent pour eux tout l'Occident et les Jaunes l'Orient, et même le Nord au début, car tous les habitants des rivages de l'Océan Arctique, de la Laponie au Groenland, sont bien réellement des Mongols que les invasions de peuples occidentaux ont obligés à se cantonner sur le littoral de la mer Glaciale, et c'est à cette situation défavorable qu'ils doivent de n'être plus que le rameau flétri d'un arbre puissant et vigoureux.

---

* Les Malais peuvent très bien provenir d'un croisement entre Nègres et Mongols.

La race jaune, comme isolée du reste de la terre (ᵈ), paraît s'être conservée avec son type primitif dans l'Empire du milieu qui en comprend la plus grande partie ; il n'en est pas de même de la race blanche que des climats très variés ont modifiée profondément, et qui, douée d'un caractère plus aventureux, a entassé invasions sur invasions, en multipliant les croisements qui ont enfanté tant de peuples divers. Il semble que les migrations des nègres aient affecté une plus grande régularité, et que l'échelonnement de leurs peuplades, par rapport au centre commun, marque précisément l'époque relative de leurs départs. Au reste, nous n'aurions garde de pousser plus loin nos investigations. Depuis mille siècles peut-être que nos ancêtres se pressent, se mélangent, se confondent, on aurait peine à démêler autre chose que deux ou trois grands rameaux se subdivisant à l'infini. En résumé, trois types se partagent le domaine terrestre, le blanc, le noir et le jaune. Quoique issus d'une même espèce de singes, ils appartiennent, dans notre hypothèse, à deux évolutions distinctes qui auraient produit, l'une le nègre puis le blanc, l'autre le rouge puis le jaune. Il serait, à notre avis, intéressant d'étudier au point de vue philologique la valeur de l'assertion qui réduit toutes les populations noires à l'unité d'évolution primordiale (ᵉ).

On a remarqué que, généralement, les animaux

revêtent la couleur du sol qu'ils occupent. N'est-il pas curieux de constater, à titre de simple rapprochement, que les races humaines auraient, dans leurs premières migrations, emporté la couleur, les unes des sables noirs, les autres des sables rouges qui s'étendent à gauche et à droite des deux rives de l'Oxus ?

IX

ORIGINE DU LANGAGE ARTICULÉ.

L'homme possède-t-il seul la faculté du langage ? Oui, s'il s'agit du langage articulé ; non, si l'on entend par là le pouvoir d'échanger des idées, de se communiquer des impressions par des inflexions particulières de la voix. Les singes n'émettent que des cris perçants et inarticulés, et il en était certainement de même des anthropoïdes, aujourd'hui disparus, qui firent souche d'hommes. A la vérité, certaines espèces d'oiseaux, le perroquet par exemple, répètent distinctement des mots et des phrases au point de produire l'illusion de la parole humaine, mais il n'y a là qu'un instinct d'imitation ;

non seulement ils ne comprennent pas ce qu'ils disent, mais encore ils ne parviennent jamais à composer d'eux-mêmes un assemblage de mots. On assure que les fourmis et les abeilles peuvent, par des sons convenablement appropriés, échanger leurs impressions du moment et diriger leurs actes en conséquence ; on a même, récemment, raconté que des corneilles s'étaient constituées en tribunal pour juger une des leurs, accusée de prévarication contre nature, et qu'elles avaient exécuté séance tenante la sentence de mort prononcée contre la coupable. Qui n'a pas surpris, entre chiens ou entre chats, des conversations modulées d'une façon bizarre, et accompagnées de mouvements tendant à faire croire à l'expression d'un véritable langage ? Les exemples abondent en pareille matière ; nous nous bornerons à en rapporter un seul, à notre avis remarquable, que nous tenons d'une dame âgée, habitant la campagne, et habituée à observer en curieuse les mœurs des animaux domestiques.

Elle était assise un matin près de sa cheminée, une chatte à ses côtés, lorsque subitement une brique se détacha de la souche et vint tomber avec fracas dans le foyer ; minette de décamper avec frayeur, cela va sans dire. Le soir elle avait retrouvé son coin de feu, en compagnie cette fois de son petit chaton qu'elle entretenait de miaous et de ronrons très diversement modulés. Au milieu de sa conversation, elle leva la tête en regardant dans la cheminée ; le petit en fit autant, mais son geste était accompagné d'une telle sensation d'épouvante, qu'il s'éloigna immédiatement après, et ne se décida à revenir qu'au bout de quelque temps. Évidemment la mère avait raconté la scène du matin à sa progéniture.

Beaucoup d'animaux ont donc autre chose qu'une mimique expressive pour communiquer entre eux. Avouons seulement que nous n'y comprenons rien, et que la difficulté qu'ils ont dû éprouver à composer eux-mêmes leur vocabulaire, avec des moyens bien limités, n'est pas une preuve médiocre de leur intelligence (¹).

L'homme possède seul le langage articulé ; comment y est-il arrivé ? Nous ne citerons que pour mémoire la tradition biblique, d'après laquelle le langage serait d'institution divine, et nous nous occuperons de deux théories plus vraisemblables soutenues par divers auteurs. Les uns pensent que les langues sont nées spontanément et se sont produites par une formation indivise ; les autres, au contraire, supposent qu'elles se sont formées par voie mécanique et progressive, et que les interjections et les onomotapées en ont constitué les premiers éléments. La doctrine de la descendance animale de l'homme ne nous laisse pas le choix entre ces deux opinions et nous allons suivre le développement progressif de la parole chez nos premiers ancêtres.

Nous posons d'abord en principe qu'avec ses mains rudimentaires, le singe moderne restera toujours ce qu'il est, un animal criard sans prononciation bien distincte pour notre oreille. Quand l'espèce établie sur les bords de l'Oxus commença son évolution, et que le pouce parvint à s'opposer efficacement aux doigts, son apprentissage manuel dut ressembler beaucoup à celui de l'enfant, touchant à tout et enregistrant par des exclamations répétées l'effet produit sur son jeune cerveau. Dès que l'homme embryonnaire fut en état de façonner quelque objet, soit par instinct d'imitation, soit par nécessité, le besoin d'attirer l'attention sur sa première ébauche, comme la satisfaction de l'avoir exécutée, se traduisit par des émissions de voix particulières, qu'il fallut varier à mesure que le travail gagnait en diversité. Le jour où un monosyllabe, né d'une exclamation, servit à désigner plusieurs fois de suite un des produits de cette industrie naissante, le langage était acquis et son perfectionnement ne tenait plus qu'à une question de temps. N'oublions pas, en effet, que l'intelligence suivait les progrès de la main, et qu'en présence d'ouvrages de plus en plus achevés, des idées nouvelles surgissaient, se fixaient et se classaient dans la tête de leur auteur. Les premiers essais de langage étaient absolument rudimentaires et se bornaient à une voyelle, quelquefois répétée ; les consonnes ne vinrent que plus tard, pour éviter une confusion de sons, et sans doute ce ne fut pas sans de grandes difficultés qu'on parvint à les accoler aux voyelles. La première langue parlée consista donc, comme aujourd'hui chez les tribus les plus barbares, en un bizarre accouplement de mots brefs ou répétés, dont chacun désignait un objet matériel. La raison humaine avait singulièrement grandi lorsque des termes conventionnels servirent à exprimer des idées abstraites ; les langues existaient alors, au moins dans leur forme monosyllabique, et il est remarquable que des peuples civilisés, comme les Chinois, ne possèdent pas de mots composés de plusieurs syllabes.

Nous ne pousserons pas plus loin ce rapide aperçu philologique, laissant aux spécialistes la curiosité d'examiner comment, de ce langage primitif on a passé aux langues agglutinantes et aux langues à flexion. Mais nous devons, avant de finir, faire observer que, de deux évolutions séparées, sont nées des langues absolument distinctes; c'est donc vainement qu'on chercherait des racines communes dans les mots qui composent le vocabulaire des races rouge et jaune d'une part, nègre et blanche de l'autre. Il est même difficile de saisir les rapports de langage entre des peuples appartenant à la même souche, à cause des changements de voyelles et de consonnes que le temps a apportés à la formation des mots. Toutefois il est bien établi maintenant, par l'étude des radicaux communs aux Sanscrits, aux Grecs, aux Latins, aux Celtes, aux Teutons et aux Slaves, qu'ils appartiennent tous à la famille des Aryâs, l'un des rameaux de la race Caucasique. On a même pu acquérir par ce moyen, des renseignements très intéressants sur les mœurs et le degré de civilisation de ces antiques habitants de l'Asie centrale.

Mais ces époques, quoique reculées, sont pour nous relativement récentes, et nous ne nous occupons que des premières phases de l'évolution humaine. Nous insistons particulièrement, pour asseoir l'origine du langage articulé, sur les deux points suivants, à savoir : 1° que les monosyllabes qui constituèrent le langage de nos premiers parents furent non seulement la conséquence du besoin de désigner les objets, mais encore l'expression spontanée de cette joie naïve qui accompagne les premiers essais de l'enfance ; 2° qu'ils ne purent se fixer et se diversifier que par la pratique d'une main en voie de perfectionnement. On nous objectera que des présomptions ne sont pas des preuves ; nous allons essayer de justifier nos assertions par des considérations d'ordre physiologique.

Les hommes, en très grande majorité, sont droitiers, et ceux qui se servent habituellement de la main gauche ne figurent qu'à titre d'exception dans une même descendance. Il nous est donc permis de supposer que nos premiers ancêtres réservaient particulièrement la main droite pour les travaux difficiles ou délicats. Or nous savons que c'est dans l'hémisphère gauche du cerveau que réside la faculté du langage articulé, et comme ce centre nerveux commande les mouvements de la partie droite du corps, nous sommes autorisés à croire que cette concordance n'est pas un simple effet du hasard. Selon nous, quand les anthropoïdes commencèrent leur évolution, la transformation des mains, plus accentuée d'abord du côté droit, eut son retentissement dans le cerveau gauche, en y casant les mots arrachés spontanément aux premiers artisans humains. La troisième circonvolution frontale du côté gauche, adaptée ainsi progressivement à l'élaboration du langage articulé, affina le travail manuel en épurant la pensée, et par une série non interrompue d'actions et de réactions échangées avec la main, prépara les voies aux merveilleux progrès que l'homme a réalisés par le secours de la parole.

La concordance évolutive de la main droite et de son centre moteur se retrouve dans les phases du développement encéphalique. L'enfant naît ambidextre, et ne devient franchement droitier que lorsqu'il parvient à prononcer quelques mots. Son cerveau suit une marche parallèle, c'est-à-dire que si l'hémisphère droit croît d'abord plus rapidement que le gauche, c'est au moment où apparaît la faculté de parler que ce dernier rattrape le temps perdu. On a même voulu tirer de cette particularité des conclusions générales, en prétendant que les plus nobles fonctions de l'intelligence sont dévolues à l'hémisphère gauche, mais il est difficile d'en fournir une preuve expérimentale.

Quelques savants ont avancé que c'est par l'écriture idéographique ou représentative des objets que l'homme a été mis en possession du langage. Nous savons en effet que, dès la plus haute antiquité, l'instinct d'imitation l'a porté à tracer des contours d'après nature, à dessiner des animaux, etc.; mais nous craignons fort qu'on n'ait commis un grossier anachronisme en affirmant qu'il écrivait avant de parler. Le geste et la voix sont tellement spontanés chez les animaux supérieurs, que bien certainement nos ancêtres anthropoïdes n'eurent pas d'autre manière de se communiquer leurs impressions au début de la période évolutive; il leur en coûta d'ailleurs un pénible apprentissage pour bégayer leurs premiers mots et les fixer dans leurs cervelles. L'art du dessin ou de l'écriture, quelque rudimentaire qu'il soit, suppose une culture intellectuelle déjà grande, et s'il est certain que la représentation idéographique a précédé l'écriture phonétique, il ne l'est pas moins qu'elle a simplement concouru au perfectionnement du langage articulé.

Ainsi la main du singe, en devenant une main d'homme, nous a fait parler; c'est dire en même temps que nous lui devons l'intelligence.

X.

OBJECTIONS QUI ONT ÉTÉ FAITES CONTRE LA DESCENDANCE ANIMALE DE L'HOMME.

Bien des gens opposent, comme on dit dans les assemblées délibérantes, la question préalable à la doctrine qui fait descendre l'homme du singe. A quoi bon, s'écrient-ils, s'occuper d'une hypothèse contraire à tous les dogmes religieux, et condamnée par Dieu lui-même ? Nous imiterons ces bons chrétiens en ce sens que nous ne nous attarderons pas à discuter le côté religieux de la question ; aussi bien il serait téméraire, pour une créature humaine, d'avoir Dieu pour contradicteur.

Nous rencontrons en second lieu, comme adversaires, la formidable catégorie des orgueilleux. Ne répugne-t-il pas, d'après eux, d'admettre que l'homme, si parfait de corps, si élevé par l'intelligence, ait des attaches basses et intimes avec le reste de l'animalité ? N'est-il pas, sans discussion et *à priori*, d'une pâte essentiellement différente, et le seul argument qu'on puisse invoquer en faveur de cette théorie dégradante, ne réside-t-il pas précisément dans le fait que des hommes, indignes de ce nom, aient pu nous donner des ancêtres aussi vils ?

Nous savions déjà que l'orgueil est la pierre de touche du parvenu ; nous n'aurons pas de peine à démontrer que, dans le présent débat, cette vérité trouve une frappante application. A ne considérer que l'homme civilisé des temps modernes, nous accordons volontiers qu'il occupe une haute place sur cette terre et que, sous le rapport spécial de l'intelligence, il défie toute comparaison. Mais, sans quitter l'époque actuelle, nous avons sous les yeux maint spectacle qui nous rappelle à la modestie. Ne sommes-nous pas, à chaque instant, coudoyés par des idiots, des scélérats ou des fous, c'est-à-dire par des êtres qui n'ont d'homme que le nom ? Est-ce avec un sentiment de fierté que les plus nobles humains verraient défiler devant eux les Esquimaux, les Australiens, les Papous, les Fuégiens, les Andamans, les Hottentots, les Boschimans et autres peuples étranges dont les mœurs nous sont aujourd'hui bien connues ? Chez tous ces parias de l'espèce, nulle industrie, nulle prévoyance, nul souci pour assurer le lendemain ; ils meurent de pléthore ou d'inanition. Leur état mental se réflète sur leur visage, et l'hésitation qu'on éprouve à les classer parmi les êtres raisonnables est presque un aveu de la bassesse de notre origine. Tout le monde, à Paris, a vu des Fuégiens, des Hottentots ou des Esquimaux; il y a peu d'années, on y montrait une petite fille sauvage entièrement couverte de poils, enlevée dans une forêt du royaume de Siam à une tribu vivant exclusivement sur les arbres. Sont-ce là des hommes retournés à l'état primitif ou des singes en voie de perfectionnement? De pareilles constatations donneront à réfléchir aux plus fiers d'entre nous, et comme ils auraient mauvaise grâce à renier cette basse parenté, force leur est d'avouer que leur nature est bien fragile, puisque tant de leurs semblables peuvent descendre à un pareil degré d'abjection.

Remontons plus haut, et cherchons l'origine de cet orgueil aveugle qui prétend nous mettre hors de pair dans le monde vivant. Tant que nos modestes ancêtres vécurent à l'état de singes, le sentiment de la crainte domina dans leurs étroites cervelles, car ils ne possédaient aucun moyen de défense contre de redoutables ennemis, et les éléments déchaînés ajoutaient à leurs transes continuelles. La confiance leur arriva quand leurs mains façonnèrent des armes et bâtirent de solides abris; le jour où ils se sentirent les plus forts, ils en vinrent à la hardiesse et jusqu'à la témérité. Quel ne dut pas être l'orgueil des premiers humains, lorsqu'après tant de luttes incessantes et souvent inégales, leur suprématie s'affirma sur tous leurs rivaux ! C'est ce sentiment qu'on retrouve si vivace dans les plus antiques traditions de la plupart des peuples et qui aurait préparé, par son excès même, les plus terribles catastrophes. Reconnaissons-y donc notre vraie tache originelle ; nous sommes orgueilleux par nature parce que nos aïeux le sont devenus, et que ceux d'entre nous, — nous parlons des moins modestes, — qui ferment systématiquement les yeux sur le passé, avouent qu'ils obéissent à une fausse honte. L'homme est un parvenu qui renie ses ancêtres.

Nous arrivons à une troisième catégorie de contradicteurs, ceux qui acceptent loyalement la discussion et qui disent : les deux espèces en cause présentent évidemment de frappantes ressemblances de l'ordre physique ; mais sans parler de l'abîme qui les sépare sous le rapport de l'intelligence, les différences anatomiques sont nombreuses et profondes ; nous citerons, entre autres, chez le singe : la longueur du bras, la conformation du pied et surtout de la main qui n'est qu'un crochet préhenseur, l'abondance et la longueur des poils coïncidant avec la grossièreté des téguments, la courbure simple de la colonne vertébrale, la petitesse du crâne et la dégradation de la face.

C'est, en effet, dans la main que réside, selon

nous, la différence capitale. En disséquant la main d'un singe, on constate que le pouce est fléchi par une division du tendon unique du muscle fléchisseur commun des autres doigts ; il est donc entraîné dans les mouvements communs de flexion, et n'a aucune liberté. On retrouve ce type dans le gorille et le chimpanzé ; mais loin de réaliser un progrès, ce petit tendon qui meut le pouce est réduit chez eux à un filet tendineux qui n'a aucune action, car son origine se perd dans les replis synoviaux des tendons fléchisseurs des autres doigts, et il n'aboutit à aucun faisceau musculaire. Ainsi le pouce s'affaiblit extraordinairement chez les grands singes, dont la main n'offre aucune trace de ce grand muscle indépendant qui meut le pouce de l'homme. Faut-il, en présence de cette divergence anatomique, faire table rase du passé et conclure avec les adversaires du transformisme que l'organisation de l'homme ne saurait être accommodée aux mêmes fins que celle du singe, et que le premier est conformé pour vivre par l'esprit, tandis que le second reste confiné dans l'existence matérielle ?

Faire de l'intelligence l'apanage exclusif de l'homme, c'est pécher contre l'évidence des faits, et prétendre que le temps, les habitudes et le milieu ne parviendront jamais à modifier un organe ou un membre chez les animaux, revient à reléguer dans le domaine de la fable toutes nos notions d'histoire naturelle. Il n'y a pas d'argument sérieux à tirer de l'imperfection ou de l'imperfectibilité de la main des grands singes, car s'ils ont pu jadis ébaucher une évolution qui leur a donné le second rang dans le classement des êtres vivants, il est bien évident que les circonstances actuelles les condamnent fatalement au *statu quo*. Il ne nous déplaît pas, toutefois, d'enregistrer cet aveu de nos adversaires, que l'esprit de l'homme est au bout de ses doigts. Nous avons exposé, dans un chapitre spécial, comment des mains d'anthropoïde ont dû, par une lente évolution dans des circonstances exceptionnellement favorables, se transformer en mains humaines ; comment les pieds se sont en même temps modifiés pour s'adapter à la marche bipède, et comment enfin les bras se sont raccourcis pendant que les cuisses et les jambes se tassaient et se fortifiaient pour supporter tout le poids du corps. Les transformations de ce genre ne sont pas rares : on en trouve des traces chez certaines espèces de singes, telles que le gorille qui doit à l'habitude de la marche de posséder des pieds conformés à peu près comme les nôtres. Il n'y a donc, dans les différences des extrémités humaines et simiennes, qu'un exemple de plus des innombrables variations produites par les changements de milieu sur l'organisme des êtres vivants.

La coloration de la peau provient d'une matière enfermée dans les cellules du corps muqueux, sur la face interne de l'épiderme ; cette sécrétion varie d'aspect sous l'action prolongée de la température et de la lumière. Tous les jours même, nous constatons que la chaleur brunit le teint, tandis que le froid l'éclaircit ; la lumière solaire hâle la peau qui, par contre, pâlit à l'ombre. Le port des vêtements, en préservant l'épiderme des intempéries, lui donne plus de délicatesse, en même temps qu'il atrophie l'élément pileux. C'est donc à des changements de climat et d'habitudes qu'il faut attribuer les modifications si nombreuses apportées à la constitution cutanée du singe devenu homme. Les anthropomorphes sont très frileux, et lorsque leurs bandes furent refoulées des bords de l'Oxus vers des contrées plus froides, elles dépouillèrent des animaux pour se couvrir ; quelques portions du corps restées nues, le haut du torse et surtout la tête, conservèrent une abondance relative de poils, la peau gagna en finesse et finit par se décolorer. Au contraire les hordes qui abordèrent des pays plus chauds, n'éprouvant pas le besoin de se vêtir, brunirent de plus en plus sous un soleil de feu, et devinrent les ancêtres des noirs. Il est à remarquer que cette race, qui se distingue souvent par l'exubérance de sa chevelure, a le poil rare sur le reste du corps ; cette particularité s'explique par l'abondance des sécrétions dont la peau est le siège.

L'anatomie comparée a toujours fourni de précieuses indications à l'ethnologue pour faire le classement des races humaines ; mais comme les distinctions apparentes sont les plus faciles à saisir, c'est sur la couleur de la peau et des cheveux qu'on s'est généralement basé dans cette étude, et les résultats ainsi obtenus se sont trouvés, comme par hasard, d'accord avec ceux qu'avaient donnés de plus savantes recherches. En somme, nous croyons avoir suffisamment expliqué comment se sont produites des modifications de cette nature ; elles n'apportent aucun argument contre la doctrine de la descendance simienne et de l'unité d'origine de notre espèce.

La courbure simple de la colonne vertébrale des singes est le résultat de leur genre de vie ; elle provient de l'habitude de la suspension quadrumane, qui place la ligne des vertèbres suivant la courbe que prendrait, sous l'action de la pesanteur, une corde fixée à ses deux extrémités. La même force agit, mais en sens contraire, sur l'épine dorsale des quadrupèdes posés sur quatre points d'appui, et l'infléchit entre les membres antérieurs et postérieurs de façon à produire l'ensellement. Cette dernière forme s'est dessinée dans l'espèce simienne, quand, privée de moyens de suspension, elle dut fréquemment marcher à quatre pattes ; elle n'a pu que s'accentuer dans la station verticale, qui oblige les vertèbres centrales à se porter en avant ; la colonne vertébrale s'infléchit alors comme un S allongé.

La dégradation de la face, chez les singes supérieurs, est-elle aussi frappante qu'on affecte de le répéter ? Beaucoup de sauvages et quelques types appartenant au monde civilisé présentent un grand air de famille avec cette intéressante espèce ; la plupart d'entre nous ne peuvent se défendre, en regardant un singe, d'une impression pénible ; ils lui en veulent de leur ressembler. Les anthropoïdes, dans leur enfance, ont les traits assez délicats, le caractère doux, et s'ils possédaient l'inestimable avantage d'une éducation bien dirigée pendant un certain nombre de générations, on ne sait où s'arrêterait la ressemblance avec nous. Mais leur existence purement bestiale réagit sur le physique ; l'animal devient farouche avec l'âge, son œil se creuse profondément, le front se déprime de plus en plus, les dents canines s'allongent et les maxillaires prennent une ampleur qui donne à la face une prépondérance excessive sur le cerveau. Nous trouvons dans notre espèce des exemples d'une transformation analogue, et l'on est quelquefois étonné de voir jusqu'à quel point la satisfaction grossière des appétits matériels dégrade la figure humaine.

En présentant quelques détails sur l'organisation cérébrale de l'homme, nous avons en même temps indiqué les causes principales de la transformation et de l'accroissement de l'organe de la pensée. Le travail intellectuel a augmenté la masse encéphalique, de même qu'un exercice prolongé donne de l'extension au système musculaire ; à son tour, la matière cérébrale, devenue plus riche en cellules grises et en circonvolutions, a été rendue plus apte à l'élaboration psychologique. C'est, au point de vue de ses conséquences, l'application la plus remarquable que nous offre la nature de la loi générale de l'action et de la réaction.

Nous pensons avoir également répondu à l'objection suivante : les anthropoïdes actuels ne présentent aucun signe d'évolution ; pourquoi ce phénomène se serait-il produit autrefois ? Nous avons exposé les circonstances exceptionnelles qui ont pu transformer en hommes une espèce de singes, et rien n'empêche d'admettre le retour d'une pareille éventualité. Mais n'oublions pas que tout animal d'espèce supérieure entrave le développement de ceux qui en subissent le contact ; et pour qu'un anthropoïde accomplît de nouveau la merveilleuse métamorphose dont l'Oxus a été témoin, il faudrait avant tout que l'homme n'existât pas.

XI

LES BEAUX-ARTS ET LE BEAU.

Avant d'aborder la psychologie par l'étude de quelques-uns des graves problèmes qu'elle offre à nos méditations, nous nous proposons d'examiner sommairement une question qui nous fournit une transition naturelle entre la matière et l'esprit, celle de l'origine et de l'essence des beaux-arts. Nous avons expliqué comment l'intelligence humaine est née du travail manuel ; il nous reste à montrer comment, à son tour, elle a réagi sur les œuvres de l'être devenu raisonnable, au point de leur imprimer ce cachet de distinction et de grandeur qu'on désigne vaguement sous le nom d'idéal.

Les beaux-arts ont donc leur place marquée dans une étude naturaliste, d'autant que leur rôle, toujours plus important, comporte une utilité pratique incontestable. N'est-ce pas en reproduisant la nature sous ses plus saisissants ou séduisants aspects, en l'idéalisant au besoin pour la faire mieux aimer, que l'artiste élève l'âme humaine, la touche, la fortifie, l'encourage et souvent la console au milieu des rudes épreuves de la vie? Le domaine des beaux-arts est immense ; il comprend la peinture, la sculpture, l'architecture, les arts décoratifs, la musique et le théâtre. Sous la rubrique théâtre, nous désignerons seulement l'interprétation scénique, car pour nous la composition dramatique, comme la littérarature en général, appartient à l'ordre purement intellectuel et ne suppose pas forcément, pour le but à atteindre, la mise en jeu des organes du corps humain ; tandis que les acteurs qui trouvent le secret de s'identifier avec leur personnage, sont des artistes dans la meilleure acception du mot.

L'art consiste dans une imitation ordinairement conventionnelle de la nature ; nous disons conventionnelle, parce que la reproduction absolument servile d'êtres ou d'objets matériels ne constitue pas une œuvre d'art : un moulage en plâtre, une épreuve photographique ne sont que du métier.

Ce qui revient à l'artiste dans ses productions, ce qui l'élève au-dessus de l'ouvrier, c'est l'expression nette et saisissante d'une idée ou d'une sensation ; il obtient ce résultat, moins par le fini de l'exécution ou par son habileté à grouper et à coordonner les divers éléments de l'ensemble, que par cette puissante inspiration du génie qui communique à la matière l'harmonie, la grâce, le mouvement et la vie.

Pour goûter et apprécier à leur valeur les œuvres d'art, il faut y être préparé par une longue étude et savoir faire la part que les conventions peuvent sans inconvénient dérober à la nature. Aussi, de même que les grands artistes sont rares, les bons critiques d'art sont-ils également clairsemés.

Pour arriver à provoquer une sensation, sinon toujours agréable, du moins telle que nous en désirions encore le retour, l'artiste doit observer des principes généraux dont le premier, en importance, est la conformité de son œuvre avec celles de la nature. Ici la latitude est grande néanmoins, parce que les conventions et l'habitude lui permettent de nombreux écarts. Il assemblera des parties d'êtres ou d'objets avec d'autres; il modifiera les contours, il forcera les couleurs ou l'expression suivant l'effet à produire, mais, nous le répétons, dans les limites posées par la tolérance esthétique. L'architecture et la musique échappent, dans une certaine mesure, à l'application de ce principe, parce qu'il semble, en effet, que la convention doive y jouer un rôle prépondérant. On peut admettre à la rigueur que les grottes naturelles et les berceaux d'arbres aient donné aux premiers hommes l'idée d'abris élémentaires, mais il n'est pas facile d'en faire dériver les splendides maisons de nos grandes villes, les églises, les palais, les théâtres, qui s'écartent des formes naturelles dans les détails comme dans l'ensemble. Il est à remarquer, avec Lamennais, que les plus anciens monuments tirent leur origine de l'idée religieuse, et s'ils affectèrent dès le début des formes colossales et sans proportion avec l'insuffisance des moyens dont disposaient leurs auteurs, ils les durent à la superstition et à la convenance d'installer les idoles dans des temples dignes d'elles.

De même, dans beaucoup de compositions musicales, on chercherait vainement l'imitation des voix de la nature ou la répercussion des passions humaines ; mais l'agréable impression que produisent sur notre oreille les accords simultanés ou la corrélation de sons successifs n'appartient pas exclusivement à l'homme ; une foule d'animaux la ressentent, et nous n'avons d'autre supériorité sur eux, d'autre mérite que d'avoir trouvé les lois physiques sur lesquelles reposent l'harmonie et la mélodie. La tendance à la répétition, générale chez les êtres animés, nous a donné le sentiment de la mesure, c'est-à-dire de la répartition des sons en intervalles égaux, et c'est à l'organisation spéciale de l'appareil auditif qu'il faut rapporter les sensations rythmiques qui dérivent de la vibration calculée des corps sonores. Nous devons, d'ailleurs, distinguer dans la musique la composition et l'exécution, qui supposent deux artistes appelés à se faire valoir mutuellement ; et lorsqu'on y ajoute les ressources d'un libretto, le compositeur peut, en conservant toute liberté d'allures dans le champ de la fantaisie, arriver à produire des sensations bien définies. Il n'est pas toujours facile, dans les représentations lyriques, de faire la part qui revient à l'auteur, au compositeur, à l'acteur ; mais si ce dernier sait habilement combiner la diversité des moyens, l'impression qu'en retire le spectateur est une, et point n'est besoin des subtilités de l'analyse pour démêler la multiplicité des ressorts mis en jeu.

En second lieu, l'artiste doit se proposer un but facile à saisir, but auquel concourront les accessoires même de l'œuvre. Il évitera les allégories ambiguës, les scènes en partie double, un mélange disparate de styles d'architecture ou de décoration, et, en général, tout ce qui fatigue ou divise l'attention du spectateur. L'observation de ce principe s'impose à première vue quand il s'agit de tableaux, de statues, de monuments ou de sujets décoratifs, mais quelques explications sont nécessaires quand l'œuvre comporte des phases successives de la durée. Le musicien n'a pas seulement à satisfaire l'oreille par l'application des règles de l'harmonie et de la mélodie, il faut encore qu'il parle à l'imagination et que, d'une composition, se dégage une idée principale, et seulement cette idée. S'il s'agit d'un opéra, chaque partie pourra traduire accessoirement un sentiment particulier, mais à condition que toutes contribueront à un effet d'ensemble, de manière à se résumer en une impression finale bien déterminée. L'acteur ne perdra de vue que son personnage a une individualité, un caractère propre, qu'il lui est bien permis dans l'interprétation, et selon les intentions de l'auteur, du compositeur, d'exprimer tour à tour des sentiments très divers, mais que son rôle comporte une note dominante que les autres ne sauraient atténuer, ou même qu'elles aident à accentuer davantage. C'est donc par l'unité de la composition que l'artiste poursuivra sûrement son but, et, du même coup, il réalisera l'harmonie dans l'ensemble.

Enfin, les beaux-arts doivent moraliser l'homme, et c'est surtout en se plaçant à ce point de vue qu'on distinguera vite l'artiste véritable de l'artisan. Une œuvre, d'ailleurs irréprochable comme exécution, portera le cachet artistique lorsque l'impression produite sera, non seulement vive, agréable, mais encore acceptable par la plus saine morale. L'étude du nu est nécessaire pour la reproduction de maint sujet, elle ne sert pas moins à habiller les personnages; mais nous trouvons que l'auteur s'est ravalé quand il compose ses nudités dans le simple but de faire admirer la forme, et surtout quand elles font appel à de honteuses passions. Nous voudrions, dans telle exhibition artistique, autre chose que le dessin des plus délicats contours, que le parfait rendu de la matière plastique, nous voudrions une idée morale. La chair aura beau palpiter sous le marbre ou s'animer sous le pinceau, il faut que le corps entier, par son attitude, par son modelé, complète une expression avouable et bien définie du visage. Beaucoup d'artistes invoquent à cet égard les nécessités du métier, quand l'art ne suffit pas à les faire vivre ; d'autres, que le talent dispense de rechercher un gain déshonnête, se croient obligés de contenter le goût du jour et placent la mode au-dessus de la morale ; leur réputation y gagne-t-elle ?

La civilisation moderne ne sépare plus la notion du beau dans la nature de celle du beau dans l'art, mais il n'en a pas été toujours ainsi. Les animaux n'ont rien qui rappelle le sens artistique, et ce n'est que dans les rapprochements sexuels que le désir du mieux leur suggère de vagues points de comparaison. Les premiers hommes ne différaient guère de la bête sous ce rapport; nous savons même qu'ils se montraient peu difficiles en fait d'accouplement, et d'ailleurs leurs femmes assujetties, comme aujourd'hui chez les tribus sauvages, aux plus pénibles travaux, auraient fait triste figure à côté de nos fières mondaines. Bien des siècles se sont écoulés avant l'intervention de l'art dans les œuvres humaines; quant aux œuvres de Dieu, c'est d'hier seulement que nous nous efforçons de les comprendre et de les apprécier. Une tradition populaire veut que l'amour ait inspiré la première ébauche artistique; il serait plus exact d'avancer que c'est par la reproduction d'un animal utile, d'un renne ou d'un chien, que le dessin a commencé, car à une époque où la nécessité primait tout, l'agréable passait après l'utile.

Les peuples les plus anciens n'aimaient pas la nature et n'avaient d'admiration que pour leurs propres œuvres. Aussi les palais et les temples, les moins naturelles des conceptions artistiques, furent-ils les plus remarquables produits des premières civilisations. Enfin, comme par intention d'imprimer à leurs œuvres un cachet d'origine, les artistes de ces temps reculés associèrent souvent des formes animales à celles du corps humain, et même ne surent imaginer rien de mieux pour personnifier leurs divinités. Leur idéal était grossier sans doute, mais ils eurent le mérite de préparer l'avènement d'une école qui servira éternellement de modèle aux artistes de tous les temps.

Avec les Grecs, nous franchissons une grande étape dans le domaine esthétique; leur architecture dénote, par l'élégance de ses proportions, un goût plus épuré, et l'art de la statuaire s'élève à une hauteur qui ne sera jamais dépassée. Toutefois, eux aussi restèrent à peu près indifférents en présence des merveilleux tableaux de la création, car les idylles de Théocrite, parues à une époque de décadence, ne pouvaient refléter les aspirations d'un peuple en pleine sève. C'est au siècle d'Auguste que la nature conquiert son droit de cité, qu'elle trouve un Virgile capable d'en célébrer les splendeurs en des vers immortels.

Les Romains ne possédèrent qu'à un faible degré le sens artistique ; absorbés par l'esprit de conquête, ils ne tirèrent qu'un médiocre parti des trésors que l'occupation de la Grèce fit tomber en leur possession. Mal doués d'ailleurs pour la peinture, ils se bornèrent à des imitations dans leurs monuments et leurs statues, mais sans rappeler le goût exquis de leurs modèles. Les quatorze premiers siècles de l'ère chrétienne n'ont guère profité non plus aux beaux-arts, car il ne nous en reste que des églises gothiques et les palais de la civilisation arabe. En même temps que Gutenberg inventait l'imprimerie, l'école Byzantine de peinture achevait de se dégager de la forme allégorique, dernière attache du paganisme ; et, avec le siècle de Léon X, nous assistons à l'éclosion de ces grands génies qui lui ont valu la glorieuse désignation d'époque de la Renaissance. Le progrès, on peut l'affirmer, s'est continué jusqu'à nos jours, car si nos artistes ne s'appellent plus Raphaël ou Michel-Ange, ils sont du moins devenus légion.

La langue française a beaucoup d'adjectifs pour exprimer les qualités des productions artistiques. Sans nous arrêter aux autres nuances, nous terminerons cette rapide esquisse par la définition du beau.

Le beau existe-t-il en nous ou hors de nous, son essence est-elle subjective ou objective ? C'est un point sur lequel les partisans des deux opinions contraires ne sont pas près de s'accorder. Ce qu'on peut dire de plus certain, c'est qu'il existe des œuvres humaines dont la perfection artistique rallie tous les suffrages, et que la nature nous offre des spectacles devant lesquels peu d'hommes restent indifférents. Nous attachons généralement aux belles choses une idée de grandeur relative, soit dans l'ordre physique, soit dans l'ordre moral. On répète tous les jours, et avec raison, que telle personne a un joli nez, une jolie bouche, mais on ajoutera qu'elle a de beaux cheveux, parce que, indépendamment du brillant ou de la couleur, sa chevelure est longue et épaisse. Il ne faut pas d'ailleurs prendre un abus de mots pour la consécration d'une erreur. On dit communément, mais à tort, en parlant d'une fleur minuscule : c'est une belle fleur ; elle n'est que jolie. Mais s'il s'agit d'une fleur remarquable dans son espèce par son développement, ou appartenant à une grande espèce, on dira justement : c'est une belle fleur.

Nos jugements artistiques varient, soit avec la mise en scène, soit avec le degré de notre culture intellectuelle. Tel morceau d'opéra, exécuté sur le piano, peut ne paraître que joli, gracieux ; donnez-lui pour cadre une scène lyrique avec l'interprétation d'un acteur hors de pair, et vous arriverez sans effort à le trouver beau. Les nombreux visiteurs qui vont contempler la tour Eiffel, s'écrient : la belle tour ! Imaginez que des bâtiments voisins parviennent, par leur hauteur, à écraser ce monument ; bien des gens ne le trouveront plus que joli. Vous n'irez jamais jusqu'à qualifier de belle une maison construite pour l'habitation, si, malgré l'harmonie des proportions et l'abondance des ornements, elle n'a que des dimensions restreintes. Mais prenez une réduction à très petite échelle d'un palais ou d'un temple célèbre ; si vos études vous ont préparé à rétablir par la pensée l'œuvre dans ses proportions grandioses, elle vous produira sûrement la sensation du beau. Par analogie, vous admirerez tel tableau de Meissonier, malgré sa petitesse, parce qu'en déroulant à vos yeux une émouvante page d'histoire, il fera revivre en votre esprit, dans toute sa plénitude, la forte impression du temps passé.

De ces considérations esthétiques, il résulte qu'une œuvre d'art nous semble belle lorsqu'à l'heureuse harmonie de ses diverses parties elle joint, dans l'ensemble, un certain air de grandeur.

Moins esclave de la forme, le sublime nous transporte jusqu'aux nues ; c'est la plus saisissante expression du beau.

XII

DE LA CONSCIENCE ET DE L'ATTENTION. — ERREUR DES PHILOSOPHES QUI ADMETTENT DES IDÉES INNÉES.

S'il existe une branche des connaissances humaines qui exige de la clarté dans les mots et les définitions, c'est certainement la philosophie. Le malheur veut que le contraire soit arrivé ; et, pour avoir parlé chacun sa langue, les plus illustres philosophes ont passé leur vie à disputer sans jamais pouvoir s'entendre. Et nous, simples profanes, arriverons-nous jamais à démêler la vérité dans le chaos des systèmes ? L'un spiritualise la matière, l'autre substantialise l'esprit, un troisième les distingue essentiellement ; à ceux qui reconnaissent un Dieu, celui-ci oppose le panthéisme, celui-là l'athéisme. D'un côté la raison est le phare qui guide dans la recherche du vrai, de l'autre elle mène à tous les écueils et provoque le doute universel. On commence à philosopher en partant de l'hypothèse, plus tard on argumente en théologien, puis on émancipe la raison qui passe finalement sous le joug de l'expérience ; en d'autres termes, l'imagination, la foi, le rationalisme et l'empirisme se disputent successivement et quelquefois tour à tour le monopole de la pensée. Enfin l'âme humaine, que nous avons tant intérêt à bien connaître, et dont Socrate avait logiquement fait l'objet principal de ses méditations, n'a été qu'un ferment de discorde entre des sectes déjà profondément divisées, et les concepts nombreux ou contradictoires auxquels elle a donné lieu, remettent sans cesse en question sa nature et ses attributs.

Comme un soleil rayonnant sur un cortège de satellites, chaque chef d'école a prétendu nous apporter la lumière. Hélas ! Tous ces astres, après avoir ébloui plutôt qu'éclairé la foule de leurs adorateurs, ont à ce point pâli, qu'aujourd'hui nous avons bien de la peine à réunir en faisceau quelques-uns de leurs rayons vacillants, afin de ne pas perdre absolument le fruit du labeur intellectuel de tant de générations. Ce n'est pas que nous préconisions l'éclectisme en matière philosophique; notre siècle a vu des tentatives de ce genre avorter piteusement. Mais il faut distinguer en chaque système la doctrine de la méthode, et si beaucoup de doctrines ont fait leur temps, nous pouvons encore fructueusement glaner dans le champ de la méthode, à condition qu'elle soit toujours contrôlée par l'expérience et l'observation.

C'est la conscience qui nous offre le plus remarquable exemple de l'ambiguïté des termes employés par les psychologues. D'après l'exposé que nous avons fait des fonctions de la masse encéphalique, toute opération relevant de la sensibilité, de l'intelligence et de la volonté, consiste dans des modifications apportées à l'état intérieur des cellules grises du cerveau par une addition de force vive, qui détermine la production ou la revivification de girations caractéristiques et variables comme ces éléments. Au moment précis où se produit ce travail mécanique, nous en avons conscience, c'est-à-dire que les sensations se révèlent à nous sous la forme propre qu'elles empruntent à des appareils spéciaux de perception. Ainsi la conscience n'est pas une opération particulière de l'âme, puisqu'elle s'étend à toutes, en bornant son rôle à nous avertir de leur existence. Et cependant, que n'a-t-on pas mis sur le compte de cette faculté ? On l'a définie le sentiment que nous avons de notre individualité, langage qui implique une confusion psychologique, car la distinction du moi et du non moi est le résultat d'un jugement. Puis, comme on s'est aperçu que la conscience ainsi entendue n'appartenait pas exclusivement à l'homme, on a éprouvé le besoin d'en modifier encore la signification, afin de nous l'approprier tout à fait. Par la conscience, a-t-on ajouté, nous affirmons que notre être est actif et intelligent, que nous avons le sentiment de notre activité spontanée et volontaire, de notre liberté, de notre immatérialité ; nous arrivons par elle à la notion de causalité. Transportée dans le domaine de la morale, la conscience est devenue pour tout le monde la notion innée du bien et du mal, le sentiment préconçu du devoir supérieur aux entraînements de la passion et les dominant par une pression énergique et souvent irrésistible. Bref, sous tant d'acceptions diverses, elle en est arrivée à empiéter sur les attributions spéciales de la sensibilité, de l'intelligence et de la volonté. Réservons-la pour désigner simplement le pouvoir intuitif de l'âme ; nous y gagnerons en clarté et en exactitude.

Chez les animaux inférieurs dont le système nerveux, à peine ébauché, ne centralise pas ses perceptions, la conscience doit être, sinon nulle, du moins fort obtuse. Vaguement diffuse sur tout le corps comme la sensibilité elle-même, elle n'entre véritablement en exercice que chez les êtres pourvus de ganglions ; encore n'acquiert-elle son caractère d'unité et de solidarité individuelle que lorsque la masse encéphalique devient le principal centre nerveux. Elle augmente de netteté avec le degré de perfectionnement organique ; tous les animaux appartenant aux espèces supérieures sont absolument conscients, et à cet égard, comme sous beaucoup d'autres rapports, nous serions mal venus à nous attribuer un privilège d'exception. Le pouvoir conscient, qui n'est que le retentissement du travail des cellules grises sensibles, varie par conséquent d'une façon notable, soit d'un homme à l'autre, soit dans le même individu. A l'état de veille, nos idées, jugements ou volitions en arrivent souvent à un très faible degré de perception par le moi, et pendant le sommeil ou bien au cours de certaines maladies, tout se passe comme si notre âme cessait d'exister. Cet arrêt de la pensée implique-t-il une suspension de l'activité cérébrale ? Non, évidemment ; c'est un simple ralentissement correspondant à un état particulier de l'ensemble du corps. La mémoire n'est pas abolie par le fait que nous ne nous souvenons pas continuellement ; or elle ne se conserve qu'à condition que les cellules sensibles entretiennent sans répit les mouvements détenteurs des idées.

Quand on fait un retour sur ses premières années, on constate qu'il faut un temps considérable, une éducation suivie pour que la conscience accompagne nos perceptions et nous les communique dans leur intégrité. L'enfant, éminemment sensitif au début, est en même temps inconscient ; le plaisir et la douleur l'affectent d'abord d'une façon vague et générale, sans qu'il se rende compte des causes ; et pour qu'il saisisse les relations qu'il entretient avec le monde extérieur, il est indispensable qu'il distingue sa propre individualité. C'est par l'exercice des sens qu'il devient capable d'effectuer cette séparation et, par suite, de rapporter à lui seul les phénomènes dont son corps est le siège. Il est dès lors en pleine possession de sa conscience, mais après un long apprentissage, et son jeune cerveau a dû subir bien des impressions confuses avant de se montrer apte à en percevoir distinctement d'autres.

C'est un fait constant d'observation que l'esprit humain ne peut embrasser nettement plus d'un objet à la fois dans sa perception consciente. S'il est sollicité simultanément de plusieurs côtés, l'une des impressions l'emportera toujours sur les autres, au point que nous aurons conscience d'elle seule. Cet état de l'âme exclusivement concentrée sur un objet porte le nom d'attention, soit lorsqu'il se prolonge de lui-même, soit lorsqu'il a été préparé et qu'il se fixe en vertu d'une volition. On distingue en conséquence l'attention spontanée et l'attention réfléchie. Spontanée, elle est le résultat immédiat d'un état de conscience, et doit alors être classée parmi les actes instinctifs ; réfléchie, elle cesse d'être l'esclave de la sensation pour obéir à la volonté ou, pour parler plus exactement, à une tendance acquise. On s'habitue, en effet, à réfléchir ; nous n'aurons pas de peine à montrer que cette forme supérieure de l'attention a son point de départ dans l'éducation, et n'est en réalité qu'une faculté pédagogique.

L'enfant, d'abord curieux plutôt qu'attentif, est

captivé par la sensation sans aucune participation de la volonté ; tout ce qu'on peut faire alors pour le diriger, c'est de choisir le milieu où il recueille ses impressions. Quand arrive le moment qu'on croit propice pour l'initier à un ordre de connaissances plus relevé, on excite son attention, d'abord en flattant ses goûts, plus tard en alternant judicieusement les récompenses avec les punitions. Après des leçons multipliées, le jeune élève finit par échapper aux distractions qui l'assiègent, il écoute docilement son maître, et ses progrès lui font tous les jours apprécier davantage l'utilité de cette concentration intellectuelle. C'est ainsi que, l'habitude renforçant la réflexion, il devient attentif de son propre mouvement, et n'abandonne plus au hasard le retour et l'examen des faits de conscience. Mais il ne faut pas exagérer le rôle que joue alors l'activité volontaire, car cette disposition d'esprit est la conséquence d'un véritable dressage auquel résiste difficilement la conformation cérébrale la plus rebelle.

La pensée ne dure qu'un instant très court ; il appartient à l'attention de la fixer et de la rappeler, aussi souvent qu'on le juge nécessaire, à la barre de la conscience. Pour expliquer physiologiquement cette permanence du régime conscient, il faut admettre, un état de conscience étant donné, que la volonté a le pouvoir de le reproduire indéfiniment, ou même qu'il se représente spontanément à l'esprit, en vertu de la tendance à la répétition que possèdent tous les animaux. Par conséquent, les mêmes courants cellulaires de l'encéphale se succèdent à intervalles assez rapprochés pour donner à la sensation une apparence de continuité. Nous supposons, bien entendu, que ces fonctions s'accomplissent dans des conditions normales ; si quelque cellule grise était trop fortement impressionnée, elle deviendrait le siège d'une conscience tout à fait permanente, sans attache psychologique avec les cellules voisines, et ce désordre organique se traduirait par l'aberration mentale.

Reconnaissons à l'attention tout son prix ; elle complète la conscience et retient nos idées naturellement fugitives ; par l'abstraction, elle concourt énergiquement avec la volonté au travail de l'intelligence ; et, par une gymnastique sagement graduée qui assouplit l'organe de la pensée, elle nous façonne à la patience, qui est le secret du génie.

Divisés sur le sens des mots, les philosophes le sont bien plus encore sur la réalité des choses ; l'origine de nos idées, en particulier, leur fournit un thème inépuisable de discussion. Dénaturée par les spéculations de la métaphysique, cette question, comme tant d'autres, n'est susceptible que d'une solution scientifique.

Comment séparerait-on aujourd'hui la matière du mouvement ? L'éther supposé immobile est une abstraction, et les corps ne nous apparaissent que comme l'expression de girations ou vibrations plus ou moins compliquées de ce fluide. On a bien contesté leur réalité objective en faisant remarquer que les organismes vivants, s'ils étaient modifiés, percevraient les phénomènes autrement qu'ils ne font ; il n'en reste pas moins acquis, et cela seul nous importe, que l'état actuel de la matière est le résultat de transformations de mouvements, que les corps animés rentrent dans la règle commune, et que les appareils des sens, qui les mettent en relation avec le monde extérieur, sont eux-mêmes une conséquence nécessaire des réactions mutuelles de ses éléments.

Les êtres vivants présentent cette particularité remarquable qu'ils tiennent en réserve une quantité notable de force vive dont le plus léger effort peut occasionner l'expansion. Ajoutez à cela que, dans bien des cas, on ne parvient pas à découvrir la cause du travail produit ; que cette cause, en passant par un dédale d'intermédiaires, n'agit parfois qu'au bout de quelque temps ; enfin, que beaucoup d'opérations intellectuelles présentent un caractère d'apparente spontanéité qui exclut toute idée de dépendance ; il n'en a pas fallu davantage, à une époque où les sciences naturelles étaient encore dans l'enfance, pour ériger en dogme la croyance populaire que tout corps animé porte en lui le principe de ses mouvements et de ses modifications. Après avoir proclamé l'existence et l'émancipation de l'âme, il était rationel d'admettre qu'elle avait bien le pouvoir de nous révéler, par intuition directe, les notions qui ne dérivent pas immédiatement de la perception sensorielle. Qu'un grand nombre d'idées naissent de la sensation, c'est ce que personne n'a contesté. Mais, d'après de célèbres philosophes, il en est d'autres que nous ne pourrions acquérir ainsi, par exemple les généralités, les abstractions, les axiomes, les principes, qu'on doit regarder comme innés ou *à priori* en dehors de notre aptitude à connaître; les facultés de l'âme les trouveraient toutes formées et comme prêtes à éclore, au moment d'entrer en exercice. Pour réfuter cette thèse, on n'est embarrassé que du nombre des arguments.

Aujourd'hui, grâce à la tradition, les principes nous arrivent tout faits; nous les entendons formuler dès l'âge le plus tendre, la mémoire les fixe, l'expérience les corrobore. Mais en recueillant le riche héritage que nous ont légué nos pères, nous aurions tort d'en rapetisser l'origine, si nous méconnaissions les laborieux efforts qu'il leur a coûtés. En décrivant le mécanisme des opérations psychologiques de l'encéphale, nous avons exposé que toute idée donne lieu à un courant nerveux, et que le jugement simple résulte du croisement de deux courants dans une même cellule grise. Deux jugements simples peuvent se combiner pour en former un troisième plus ou moins complexe, et c'est ainsi que, directs ou dérivés, ils se casent dans le cerveau. Les principes ont débuté par des jugements ordinaires, affirmant des rapports entre choses concrètes; chaque jugement, modifié par une abstraction quelquefois involontaire, s'est successivement transformé pour aboutir à une dernière formule où les termes concrets avaient disparu, et qui n'était plus que l'énoncé d'un rapport. Par exemple, on a commencé par dire :

la foudre a tué Pierre,

puis successivement : quelqu'un a été tué par quelque chose,

un effet a été produit par une cause,

l'effet est le résultat de la cause,

un effet ne peut être sans une cause,

et enfin : il n'y a pas d'effet sans cause.

Le principe de causalité était alors trouvé; comme il servait de conclusion à beaucoup de jugements simples, il se casa dans autant de cellules grises, et emprunta à la répétition du souvenir son caractère absolu de généralité. Au surplus, nous n'insistons pas sur une explication qui ne repose que sur des hypothèses, et nous allons chercher nos arguments dans les faits.

Il est à remarquer que la manie des systèmes et la spéculation pure nous dérobent les faits les plus constants d'observation. Ceux d'entre les psychologues qui ont cru jadis à l'innéité des idées, sont certainement excusables d'avoir péché contre la doctrine toute moderne de la descendance animale de l'homme, mais ils ont oublié qu'ils avaient été jeunes, et que bon nombre de nos semblables ne sont pas encore sortis de l'enfance morale.

Depuis que nous observons mieux la nature, les animaux se relèvent de jour en jour à nos yeux. Nous avions déjà découvert chez eux un instinct développé, des liens sociaux, une certaine prévoyance, des rudiments d'industrie; maintenant nous leur reconnaissons une intelligence comparable, dans certains cas, à la nôtre. Il ne vient d'ailleurs à l'esprit de personne de leur attribuer le don des idées innées, et, sous ce rapport, nos ancêtres simiens n'étaient pas mieux partagés. Si de telles idées existent chez l'homme, à quel moment de sa période évolutive les aurait-il possédées? Admettre cette éventualité, c'est supposer l'avènement d'un être nouveau, séparé moralement et même matériellement par un abîme de ses congénères, c'est méconnaître toutes les lois de l'évolution graduelle des êtres et de l'hérédité. Sans doute les idées se multiplièrent avec le temps, et les nouvelles venues se distinguèrent par leur originalité, mais leur liaison avec les anciennes, quoique devenue complexe, n'en reste pas moins apparente, et le travail intellectuel de la jeune humanité se réduisit, comme toujours, à mettre en œuvre les matériaux fournis par l'expérience.

Chaque existence humaine est une réédition abrégée du transformisme. L'enfant vit par la sensation, et nous sommes tous témoins des peines qu'il se donne pour se dégager des entraves de l'animalité. Certes, il apporte de merveilleuses aptitudes d'ordre moral, mais rien que des aptitudes, et si l'instruction ne venait pas de bonne heure en aide à son expérience, ses concepts seraient bien limités ; encore faut-il, pour qu'il touche aux sommets les plus ardus de la science, que son corps et spécialement son cerveau aient atteint leur complet développement. De même, l'esprit humain n'a pas cessé de réfléter les perfectionnements successifs de son enveloppe corporelle ; comme elle, il a été si peu créé de toutes pièces, qu'on peut, en chaque matière, suivre sa marche et ses progrès. Pour n'en citer qu'un exemple emprunté aux mathématiques, examinons comment l'homme est arrivé au calcul des nombres, des lignes, des surfaces et des volumes. L'idée du nombre concret lui est venue d'abord de celle de l'unité, notion que lui a naturellement suggérée la nette séparation de certains corps. A mesure qu'il rencontrait plusieurs êtres ou objets distincts, mais semblables, il les a successivement ajoutés les uns aux autres, et a éprouvé le besoin de donner un nom à chaque groupe. De même qu'il avait ajouté, il lui fallut retrancher; l'addition, la soustraction, puis la multiplication et la division qui ne sont que les mêmes opérations abrégées, ont donc été des conséquences forcées des relations de l'homme avec le monde extérieur, et l'arithmétique se trouva presque machinalement créée. On pense bien que, pour aller plus vite dans ces calculs élémentaires, on négligea maintes fois de mentionner l'espèce d'unité considérée; cette abstraction fut le point de départ des combinaisons multiples qui ont suivi. La science géométrique a procédé également de l'observation. Les contours réguliers qu'on rencontre partout, la ligne droite, le cercle, le cylindre, le cône, la sphère ont particulièrement frappé notre attention et, notre instinct d'imitation aidant, nous nous sommes appliqués à les reproduire, surtout dans un but pratique. Il était dès lors nécessaire de comparer les lignes sous le rapport de la longueur, les surfaces au point de vue de l'étendue, et les volumes en tant que capacité; la notion du nombre nous a permis de traduire en chiffres le résultat des mensurations. Toutes les mathématiques se réduisent à des combinaisons de nombres, de lignes, de surfaces et de volumes; dans toutes les démonstrations, elles s'appuient sur l'identité, l'équivalence ou la similitude, c'est-à-dire sur des faits d'expérience.

De temps en temps surgissent des hommes extraordinaires dont le génie inventif n'a pu qu'entretenir l'illusion d'excellents esprits disposés en faveur des idées innées. Sans sortir des sciences exactes, nous citerons en particulier le mathématicien Gauss, dont la lucidité merveilleuse provoque à bon droit notre admiration. L'examen de son cerveau a démontré que ses brillantes aptitudes tenaient à une remarquable conformation organique, et à une richesse de circonvolutions encéphaliques dont l'anatomie nous offre peu d'exemples. Rapprochons de ces phénomènes, dont l'humanité s'honore, les types dégradés composant certaines peuplades qu'on est bien forcé de classer au rang des hommes. Telle tribu ne sait compter que jusqu'à trois; telle autre ne possède aucun mot pour exprimer une idée abstraite, aucune notion de relation, de causalité, ou même déploie moins d'industrie que la bête pour pourvoir à ses besoins matériels. Comment expliquera-t-on que ces malheureux soient deshérités au point de n'avoir dans leur lot aucune de ces idées innées dont l'école spiritualiste fait le patrimoine de l'humanité?

Puisque, comme les animaux, les sauvages et les enfants vivent sur un fonds acquis, c'est à nous, hommes faits, qu'il appartient d'agrandir l'héritage.

Nous n'y parviendrons, comme nos aïeux, que par un labeur opiniâtre, une activité fiévreuse et une patiente curiosité ; le temps, le milieu, l'hérédité accompliront le reste de la tâche. Nous aurons bien alors quelque raison de nous croire les artisans de nos propres œuvres ; le don des idées innées n'ajouterait rien à nos mérites.

Un aimable poète, philosophe à sa manière, a décrit la fortune imprimant sur le front du riche l'estampille des soucis dévorants. Ce grand artiste

> Qui peignit la nature et garda ses pinceaux,

nous les cédera un instant pour retracer les sillons que, pareillement, un puissant effort cérébral creuse sur le front du penseur, et nous redirons après lui, sauf une légère variante :

> Je lis au front de ceux dont le génie étonne
> Que la nature vend ce qu'on croit qu'elle donne.

XIII

LA VOLONTÉ DANS SES RAPPORTS AVEC LA LIBERTÉ. — DE LA RESPONSABILITÉ PÉNALE.

Toute action volontaire suppose, quand elle est complète, la conception de l'acte à accomplir, la délibération, c'est-à-dire l'examen des mobiles, la détermination qui est l'acte propre de la volonté, et l'exécution. Nous n'avons à nous occuper ici que des deux phases intermédiaires et nous nous proposons d'examiner comment a lieu la délibération, puis comment elle entraîne la détermination.

Le grand problème que se sont de tout temps posé les philosophes, consiste à savoir si l'âme choisit librement parmi les solutions qui lui sont offertes ; la volonté a-t-elle pour compagne inséparable la liberté ? D'après Descartes qui paraît avoir fait bon marché de l'exécution, cette faculté n'a pas de bornes en tant que détermination, ce qui la rendrait égale chez tous les hommes. La fausseté de cette conséquence est la condamnation du principe, dont il ne nous sera pas difficile d'ailleurs de montrer le côté parodoxal. Trois cas sont à considérer dans l'exercice de la volonté : celui où l'accomplissement de l'acte est évidemment impossible, celui où il paraît impossible, mais peut se réaliser dans des circonstances favorables, et celui où la possibilité d'exécution apparaît avec plus ou moins de certitude.

Le premier cas peut-il rentrer dans la catégorie des actes volontaires ? Non assurément s'il y a simplement désir ou aspiration. D'autre part, si la délibération suit son cours régulier, l'impossibilité évidente de l'exécution sera forcément le mobile prépondérant qui engagera l'être raisonnable à ne pas vouloir. Repousser cette conclusion, c'est porter atteinte à l'intégrité de la raison.

Dans le second cas, il faut admettre l'intervention de deux actes volontaires simultanés : celui qui consiste à vouloir une chose, et celui qui consiste à vouloir la rendre exécutoire ; c'est la plus haute expression du pouvoir déterminant.

Enfin, le troisième cas, qui est de beaucoup le plus fréquent, suppose, en apparence du moins, le libre et calme exercice de la volonté.

S'il est certain que l'impossibilité d'accomplir l'acte à vouloir limite la liberté de nos décisions, il ne l'est pas moins que tous les hommes ne veulent pas avec la même énergie, car bien peu d'entre eux persistent à vouloir au moment précis où l'exécution leur paraît impossible. C'est dans cette dernière manifestation volontaire que la puissance des motifs ou mobiles s'impose d'une façon impérieuse, qu'elle pousse l'homme à bout de telle sorte qu'on a pu dire, avec quelque semblant de raison, que jamais il n'agit avec plus d'énergie que lorsqu'il n'est pas maître de lui.

Dans le cas le plus ordinaire, rien ne semble entraver l'exercice de la volonté, mais on en juge autrement si l'on tient compte de toutes les conditions physiques et morales de notre nature.

On appelle communément libre arbitre le pouvoir que nous avons, pour prendre une détermination, de choisir entre plusieurs mobiles. Cette définition, fausse ou incomplète, a été la cause de toutes les erreurs, de toutes les divergences d'opinion qui se sont produites au sujet de la volonté. L'homme véritablement libre dans ses décisions est celui qui est capable de rassembler tous les motifs susceptibles d'influer utilement sur la détermination, de les apprécier chacun à sa juste valeur, et de se décider en vertu du plus fort.

En dehors des actes simples de volonté qui n'impliquent pas de temps d'arrêt dans la délibération, il est bien rare de tenir tous les mobiles dans la main; la prévoyance et l'intelligence humaines n'atteignent pas ce degré de perfection morale. Il nous manque donc ordinairement quelqu'un des éléments nécessaires pour délibérer avec fruit et, par suite, pour décider en connaissance de cause. Cette lacune, l'expérience nous l'apprend, nous expose si souvent à nous tromper, qu'avant même d'avoir voulu, nous nous sentons limités dans l'exercice de notre volonté.

Quant aux motifs ou mobiles, ils sont la plupart du temps de nature fort diverse et peuvent appartenir, les uns à l'ordre physique, les autres à l'ordre intellectuel ou moral. Il n'existe pas de commune mesure pour les comparer, et nous n'avons conscience de leur valeur relative que par la différence de force vive développée dans les cellules correspondantes du cerveau. Le classement des mobiles appartient donc à la physiologie et, puisque le résultat dynamique de l'opération est subordonné à la conformation d'un organe, il paraît au moins bizarre d'en attribuer toute la responsabilité à quelque portion immatérielle de notre être.

Beaucoup de philosophes invoquent le témoignage de la conscience pour affirmer que, pendant la phase même de la délibération, nous disposons vraiment des mobiles à notre gré; selon eux, ce sentiment intime de notre liberté dans le choix nous poursuit si obstinément, qu'il engendre souvent après coup la satisfaction ou le remords, qu'on expliquerait difficilement sans l'existence du libre arbitre.

D'abord, est-ce bien une conscience éclairée qui préside à nos délibérations? Notre ignorance d'une part, nos passions de l'autre, obscurcissent notre entendement, dénaturent nos jugements, et ne donnent aux mobiles qu'une valeur subordonnée à l'imperfection de l'individu. Nos décisions ne seraient indépendantes, humainement parlant, que dans le cas où, à une intelligence tout à fait supérieure s'allierait un sens moral absolument droit. Cet idéal n'existe pas, et il est vraiment curieux de constater que nous avons tous la prétention d'en approcher. Comment croire, dans de pareilles conditions, à l'infaillibilité de la conscience?

Lorsque, l'acte accompli, nous en éprouvons de la

satisfaction ou du remords, quelles sont les causes de ces sentiments opposés ? Les regrets ne supposent pas nécessairement qu'on devait agir autrement qu'on ne l'a fait; leur signification psychologique c'est que si, aux mobiles qui ont dicté notre décision, on avait pu ajouter ceux que nous révèlent les conséquences de l'acte, cette décision aurait été modifiée. Il s'agit donc là d'un simple aveu de notre inexpérience, aveu qui ne reste pas, il est vrai, à l'état platonique lorsque le repentir vient nous suggérer une volition nouvelle destinée à corriger les effets de la première; mais ces opérations ultérieures ne changent rien au mécanisme de l'acte originel.

Quand, au contraire, nous avons fait une bonne action, nous oublions volontiers que notre éducation morale nous avait préparés à ce résultat, et c'est surtout lorsque le mobile du devoir l'a bien juste emporté sur les autres, que nous avons tendance à enregistrer notre détermination comme une victoire remportée sur nous-mêmes. Le témoignage d'une bonne conscience ressemble donc beaucoup à une satisfaction d'amour-propre et confine à l'orgueil instinctif de notre race.

Les progrès de la physiologie nous obligent à renoncer aujourd'hui aux spéculations métaphysiques, et à donner un instrument matériel à la pensée. Les cellules grises de l'encéphale sont seules conscientes, et leur faculté de retenir et de combiner les idées et les sensations varie, soit d'après leur qualité, soit d'après leur nombre et le mode plus ou moins complexe de leurs liaisons. Nous avons admis que les jugements et les volitions sont le résultat du croisement de courants cellulaires dont le cheminement n'est pas à notre discrétion, et que l'exécution dérive mécaniquement d'un excédent de force vive développé dans l'une des cellules de croisement. Quand la volonté n'obéit qu'à un seul mobile, c'est-à-dire qu'il se produit simplement deux courants cellulaires donnant lieu à un point unique de croisement, le jugement se confond avec la détermination ; c'est un cas analogue à celui qui correspond au fonctionnement du pur instinct, et personne n'y cherchera le criterium de la liberté. La multiplicité des mobiles et par suite des points de croisement nous conduit également à considérer la volition comme une résultante d'actions dynamiques ; il s'agit donc bien là d'un mécanisme invariablement mu par les mêmes ressorts. C'est faute d'avoir analysé ces opérations matérielles qu'on a dogmatiquement proclamé l'indépendance de la volonté humaine, alors que, par une choquante contradiction, on la refusait aux animaux qui la revendiqueraient avec une égale autorité.

Les partisans du libre arbitre citent complaisamment à l'appui de leur croyance de nombreux exemples de suggestion où la volonté de l'un s'impose à celle de l'autre et s'y substitue parfois d'une façon irrésistible. Cette aliénation du moi, dans la plus importante opération de l'âme, prouve victorieusement selon eux, par une antithèse frappante, la liberté de l'être actif en face de la subordination de l'être passif.

Nous ne nions pas la spontanéité ni, dans une certaine mesure, la liberté d'allure qu'affectent souvent les manifestations volontaires. L'orateur qui persuade, l'amoureux qui séduit et le magnétiseur qui fascine ou qui endort sont certainement bien plus indépendants dans l'expression de leur volonté que ceux qui la subissent ; mais il est non moins certain qu'en agissant ainsi, ils obéissent de leur côté à divers mobiles dont l'un se trouve être, dans ces cas particuliers, l'intérêt qu'ils ont à peser sur les décisions d'autrui. Ils n'ont donc pas cessé d'être sous la dépendance du mécanisme psycho-physiologique des actes volontaires, et nous ne nous arrêterions pas davantage à cette objection, si nous n'éprouvions le désir de dire quelques mots sur la suggestion hypnotique qui donne lieu, depuis quelques années, à de curieuses expériences conduites scientifiquement.

Le regard, la vue d'objets brillants, le contact charnel, des passes variées, le voisinage des corps aimantés, une vive émotion, enfin la persuasion, provoquent chez beaucoup de personnes un sommeil nerveux pouvant aller du somnambulisme simple à une complète léthargie. L'ensemble des états particuliers du système nerveux déterminés par ces manœuvres artificielles porte le nom d'hypnotisme, ou de magnétisme si l'on veut conserver à cette science nouvelle le souvenir de son origine historique. Les névropathes, et surtout les hystériques, se montrent particulièrement dociles à ces sortes d'expériences, et passent facilement d'un sommeil léger à la catalepsie et à la léthargie. Toutefois, s'il est vrai que quatre-vingts personnes sur cent seraient hypnotisables, il faut reconnaître que l'hypnose atteint bon nombre de sujets sains et que, pour eux, cet état pathologique ne dure que le temps consacré aux expériences. Mais de pareilles épreuves doivent, autant que possible, être reléguées dans les hôpitaux, car à mesure qu'elles se renouvellent plus fréquemment, le patient devient de plus en plus facilement hypnotisable, preuve indéniable d'une influence permanente exercée sur son système nerveux. Pour nous borner au côté exclusivement psychologique de la question, que la multiplicité des résultats obtenus rend déjà très complexe, nous n'examinerons la suggestion hypnotique que dans le cas du somnambulisme simple provoqué chez des sujets en pleine santé.

Disons tout d'abord que le sommeil nerveux a mis en relief une particularité très curieuse, le dédoublement de la personnalité psychique. Nous n'avons généralement conscience que d'une idée, d'une sensation à la fois, mais nous pouvons, au même instant, recevoir des excitations qui mettent en activité plusieurs régions distinctes de l'encéphale, en y déterminant des associations d'idées dont nous n'avons le sentiment que pour la région où la force nerveuse l'emporte par son énergie. A côté du moi conscient et bien éveillé, s'en trouvent souvent un, quelquefois plusieurs, agissant ténébreusement dans des parties séparées du cerveau, et dont l'état de conscience est absorbé par le premier, ce qui ne les empêche pas de continuer leur œuvre en vertu des liaisons intercellulaires, et d'enregistrer des idées pour un temps plus ou moins long. Qu'un flux nerveux, en cheminant ainsi chez la personne seconde, revivifie dans une cellule sensible une idée dont l'intensité l'emportera sur celle des idées en cours dans la personne première, il pourra très bien arriver que le mouvement suive sans retard, impulsif, irrésistible comme s'il était produit par voie réflexe, et par suite d'une façon inconsciente, parce qu'aucun état de conscience ne l'avait préparé dans cet ordre secondaire d'idées. C'est ainsi qu'on constate journellement l'exécution, à son échéance, d'un acte suggéré pour une date fixe à un hypnotisé. On a été jusqu'à séparer, par des pratiques magnétiques, l'activité des deux hémisphères cérébraux, au point d'obtenir simultanément de chacun d'eux des impressions différentes ou même diamétralement opposées.

Voici comment nous grouperons l'ensemble des résultats acquis :

1° Les opérations préliminaires amènent une paralysie de l'écorce grise du cerveau, sans doute par anémie ; si cette affection est limitée à certains points, les parties restées actives peuvent subir une hyperactivité due à un afflux plus considérable du sang ;

2° La paralysie peut envahir tout un hémisphère, l'autre continuant à fonctionner à peu près normalement ; tous les deux sont passibles simultanément de formes et de degrés différents dans leur activité ;

3° Plus les régions où siège spécialement l'intelligence sont paralysées, plus deviennent faibles les courants nerveux dont l'entrecroisement assigne aux mobiles leur nombre et leur valeur dynamique ; la détermination réfléchie est remplacée par l'automatisme, et le somnambule, conscient ou non, assiste désarmé à l'exécution de ses propres actes ;

4° De cette annulation de l'action modératrice du principal centre nerveux résulte une détente extraordinaire du côté des réflexes médullaires, ce qui explique pourquoi la suggestion transforme instantanément et avec une grande puissance l'idée en mouvement, en sensation ou en image ;

5° L'amnésie du sujet, à son réveil, résulte de la faiblesse de ses états de conscience pendant le sommeil nerveux ;

6° Le souvenir peut reparaître dans une nouvelle séance d'hypnotisation, parce que, le cerveau se trouvant replacé dans les conditions d'une précédente expérience, les courants nerveux y cheminent d'une façon analogue, et abordent les mêmes cellules grises qui avaient été impressionnées antérieurement ;

7° La suggestion à échéance localise l'idée dans l'avenir, comme s'il s'agissait d'une opération psychologique à l'état de veille ; ce qui donne à cette épreuve magnétique un caractère piquant et singulier, c'est l'intervention ostensible d'une personnalité seconde qui exécute l'ordre reçu, à la face et en dépit de la personnalité première. En tous cas, nous n'avons pas conscience des modifications cérébrales qui nous conduisent du moment de la suggestion à celui de l'exécution.

Les magnétiseurs supposent gratuitement que l'hypnose est le résultat d'une fascination et que, pour endormir, il faut avoir un regard doué d'une puissance spéciale. Il est prouvé maintenant qu'à la condition de tenir son œil fixe, le premier venu réussira dans l'opération ; d'ailleurs le regard ne joue aucun rôle dans la plupart des procédés employés.

Comme conclusion psychologique, les expériences magnétiques ne démontrent rien pour ou contre le libre arbitre ; elles ne font qu'accuser davantage la délicatesse et la fragilité de notre sytème nerveux.

Le libre arbitre n'existant pas dans le sens absolu du mot, il est intéressant de rechercher les conséquences de cette restriction ; nous le ferons ici au seul point de vue de la responsabilité pénale. Dans les actes ordinaires de la vie, ceux où les manifestations de la volonté ne présentent aucun inconvénient pour le corps social, on admet que l'homme n'est responsable que devant l'opinion publique, c'est-à-dire qu'il encourt le blâme ou mérite la louange. Mais il existe une série d'actes réprouvés par la morale, dont les dangers ont de tout temps appelé l'attention et provoqué la sévérité du législateur : ce sont les délits et les crimes. Jusqu'à l'époque actuelle, les lois ont établi l'égalité des peines, basée sur l'entière responsabilité des coupables, et ce n'est que depuis quelques années que les études entreprises sur l'anthropologie criminelle ont eu pour résultat de faire une large part aux circonstances atténuantes. Mais en s'engageant dans une voie scientifique, on est conduit à préciser davantage le degré de la responsabilité du coupable, et l'on met en question la compétence des juges. Ce n'est donc plus par des tempéraments apportés à la pénalité, mais par une réforme radicale de la législlation en vigueur qu'on résoudra définitivement les problèmes pendants. Nous allons exposer sommairement les données physiologiques qui serviront de base à cette revision.

On appelle conformation normale du cerveau celle qu'on rencontre chez la grande majorité des individus. Il n'y a pas, en réalité, deux cerveaux absolument semblables; autant de têtes, autant de conformations distinctes et, par suite, autant de manifestations diverses de la pensée ou de la passion. Mais, à côté de ce que nous désignerons par type moyen, il existe un certain nombre de structures cérébrales qui s'en écartent assez pour s'accuser par une remarquable perversion du sens moral, et dont quelques-unes sont reconnaissables à des signes extérieurs; nous citerons en premier lieu comme exemple de déviation encéphalique l'asymétrie prononcée du crâne, ainsi que le volume exagéré, soit de la tête prise dans son ensemble, soit d'une de ses parties. Ici l'on est arrêté par une difficulté sérieuse. Les grosses têtes, on l'a maintes fois remarqué, se rencontrent chez l'homme de génie comme chez des aliénés ou de grands scélérats. On a même constaté par l'anatomie que ces diverses catégories offrent parfois de frappantes ressemblances sous le rapport de la conformation cérébrale interne, d'où l'on conclurait avec quelque semblant de raison qu'une modification imperceptible de l'organe peut faire dégénérer une grande puissance créatrice en une triste énergie déployée tout entière dans le sens du mal. Si le génie ne hante pas exclusivement les cerveaux volumineux, on l'y rencontre néanmoins souvent; aussi de nombreux naturalistes se sont-ils appliqués à chercher des caractères plus spécifiques de l'aberration mentale.

La science phrénologique, se basant sur ce principe que les différentes fonctions doivent aussi correspondre à différentes portions de l'organe, prétend que les facultés sont localisées sur le crâne même, et qu'on peut, à première vue, discerner celles qui prédominent et celles qui font défaut. Ce système est soutenable, si l'on en retranche tout ce que l'affirmation a d'absolu. La physiologie psychologique n'est pas encore assez avancée pour qu'on rapporte avec certitude chaque faculté à une place invariable de l'encéphale. D'autre part, Gall et ses adeptes ont admis un peu trop gratuitement que la boîte osseuse se moulait sur le cerveau, tandis que nous savons que ce contact n'existe que très approximativement. Enfin, ils ne tiennent pas compte de la qualité de la matière cérébrale, des particularités d'organisation intérieure et des lésions plus ou moins profondes qui sont capables d'influer grandement sur l'état mental du sujet (5).

Une fois engagé dans cette voie de l'observation superficielle, on n'était pas près de s'arrêter à temps.

On a prétendu connaître les hommes d'après la considération des traits du visage, et Lavater, qui a popularisé la physiognomonie, l'a étendue aux tempéraments, à la stature, à l'écriture et à l'usage des objets extérieurs. Les chiromanciens ont tiré de l'étude de la main non seulement des conjectures sur les aptitudes et sur l'état mental, mais encore des pronostics touchant l'avenir. L'anthropologie criminelle ne saurait s'en tenir à d'aussi vagues indications, et puisque les données de la phrénologie sont encore discutées, elle les soumettra, dans tous les cas, au contrôle du philosophe.

En l'état actuel de cette science, on doit admettre :

1° Qu'en général les criminels ont une conformation cérébrale particulière ;

2° Qu'elle s'accuse souvent par des bosses ou des dépressions crâniennes, correspondant à des prédominances d'instincts ou à l'atrophie de quelque faculté ;

3° Que quelquefois aussi, elle consiste dans des particularités d'organisation intérieure, ou des lésions encéphaliques que révèle seule l'autopsie ;

4° Que si les scélérats doivent principalement leur conformation organique à l'hérédité, il est constant que le mode d'éducation et le milieu où ils vivent y ajoutent une part importante de modifications.

Que devient le libre arbitre chez ces êtres pervertis? Ils ne se déterminent d'ordinaire que sous l'influence d'idées suggérées par le plus bestial instinct, leurs actes volontaires ont pour cause une organisation physique défectueuse, ils ne sont moralement responsables qu'à un certain degré.

Mais toutes les nuances existent entre l'honnêteté et la scélératesse extrême, comme entre la conformation normale du cerveau et sa déviation tératologique. L'homme dont les vices ne se révèlent que par de légères fautes est tellement fait comme tout le monde, qu'on s'est basé sur cette remarque pour affirmer que sa responsabilité morale dépasse celle du criminel. Cette conclusion paraît excessive si l'on insinue que celui-ci doit être moins puni que celui-là, car l'application du code pénal est avant tout un acte de préservation sociale et l'assassin est plus dangereux que le voleur.

Dans un grand nombre de cas la loi admet des circonstances atténuantes qui peuvent résulter de l'état mental des accusés. C'est alors que les médecins légistes deviennent de précieux auxiliaires de l'instruction judiciaire en se prononçant sur le degré de la responsabilité du coupable. Ils n'ont certainement pas encore tous les éléments d'appréciation que comporte cette tâche délicate, mais les études naturalistes y aident tous les jours, et nous constatons avec satisfaction qu'ils se préoccupent de plus en plus de l'influence de l'hérédité en matière criminelle.

Sans entrer dans le détail des moyens de répression pour les crimes et les délits, nous reconnaissons que, depuis un certain nombre d'années, on fait de louables tentatives en vue de moraliser les condamnés et de diminuer les charges pécuniaires et autres qu'ils imposent à la société. L'emprisonnement cellulaire, en faveur aujourd'hui, présente l'avantage d'éviter une promiscuité fâcheuse de nature à aggraver l'état mental des condamnés. Le travail en local clos dans les établissements pénitentiaires n'a pas produit tous les résultats attendus, et fait déloyalement concurrence au travail libre. Il résulte d'expériences déjà prolongées que les colonies pénitentiaires agricoles donnent, dans la plus grande mesure possible, satisfaction aux divers intérêts en cause, et il serait utile d'examiner si l'on ne pourrait pas généraliser davantage ce mode d'expiation pénale. Enfin une loi votée en 1882 a institué la peine de la relégation dans nos colonies, en l'étendant aux récidivistes dont le nombre va croissant dans des proportions alarmantes ; ces précoces malfaiteurs qui s'endurcissent si obstinément dans le crime ne sont-ils pas une preuve convaincante de l'irrésistible influence que la matière exerce sur l'esprit, le corps sur l'âme? On ne peut expliquer le sentiment de répulsion que nous inspirent les prisonniers libérés, que par la certitude, bien ancrée dans toutes les cervelles, de leur incorrigibilité.

Aussi le législateur, pour remplir son rôle jusqu'au bout, a-t-il à se préoccuper des moyens d'existence du détenu à sa libération, en même temps que du meilleur emploi à faire des gains réalisés pendant la détention ; mais ces détails trouveront mieux leur place dans des traités spéciaux.

Les exigences de la discipline militaire ont obligé à créer un code spécial qui édicte la peine de mort pour des actes qui ne constitueraient, au civil, que de simples délits. En dehors de ces lois d'exception, la sentence de mort est prononcée contre les assassins convaincus de préméditation dans la perpétration du crime. Mais cette sévérité du juge est-elle bien logique, le fait même d'avoir combiné froidement et en tous détails la préparation de l'acte ne suppose-t-il pas une prédisposition organique plus accentuée dans le sens du mal, ne diminue-t-il pas la responsabilité morale ? Nous voyons acquitter un accusé quand les circonstances lui sont favorables au point de laisser quelque doute sur sa culpabilité ; pourquoi encourrait-il la peine capitale lorsqu'il y a toujours doute sur la plénitude de son libre-arbitre ? Nous pensons donc que toute sentence de mort touche par quelque point à l'injustice et que, faute de données suffisantes sur le degré de la responsabilité morale, il est plus sage de chercher dans l'arsenal des autres moyens coercitifs ceux qui garantiront le mieux la société. S'il est vrai que peu de châtiments égalent en intensité la décapitation, tous par compensation la surpassent en durée. Laissez donc toute la besogne au geôlier, il servira mieux la cause de la civilisation que le bourreau.

XIV

DE L'ÊTRE SUPRÊME ET D'UNE VIE A VENIR.

L'Être le moins saisissable dans son essence, dans ses attributs, dans ses rapports avec la création, est celui que nous avons prétendu le mieux connaître. Nous n'ajouterons rien aux vaines déclamations, aux superstitieuses croyances qu'a enfantées cette conception énigmatique de la Divinité; nous chercherons seulement de quelle façon elle se lie à l'histoire de l'humanité.

Ce qui frappe le plus, quand on parcourt la série des siècles écoulés depuis les origines de la tradition, c'est que la distance de Dieu à l'homme n'a fait qu'augmenter avec les progrès de la civilisation. Dieu, immuable par nature, est resté infiniment grand; il semble donc que nous nous soyons faits plus petits. En réalité les choses se sont passées bien différemment, et c'est à notre berceau qu'il faut remonter pour mieux suivre et comprendre les phases de l'évolution religieuse.

Pendant la longue transformation de l'espèce simienne dont nous descendons, l'idée d'êtres invisibles, supérieurs à tous les autres en puissance, dut rester bien confuse. Elle commença à se dessiner lorsque l'apparition d'animaux malfaisants et redoutables vint troubler la tranquillité générale et terroriser les premières migrations. Les hordes chassées violemment furent hantées, même après le péril, de visions terribles qui leur rappelaient leurs ennemis et la persistance de l'impression les confirma dans l'idée qu'il existait des êtres fantastiques et invisibles, toujours appliqués à les tourmenter; ainsi naquirent les démons, les esprits malins.

Avec le temps, une foule d'événements contribuèrent à tempérer cette pénible obsession. Les peuplades refoulées finirent par se fixer dans des contrées qui présentaient des conditions avantageuses pour l'achèvement de leur évolution, et le perfectionnement de leurs armes leur donna une supériorité marquée sur les autres animaux. La victoire rend orgueilleux; nos jeunes ancêtres n'échappèrent pas à cette loi, et se dirent qu'après tout les esprits malins qui les avaient tourmentés jusqu'alors n'étaient pas placés si haut dans l'échelle des êtres que le leur avait suggéré d'abord leur folle imagination, et qu'il y avait moyen d'entrer avec eux en accommodement. De là l'origine du culte religieux dont l'objet fut, en premier lieu, d'apaiser la colère des génies malfaisants, ensuite de se les rendre favorables par certaines pratiques, telles que l'offrande des meilleurs produits de la terre. Il n'est pas illogique de supposer qu'après avoir ainsi conquis la bienveillance de ces dieux embryonnaires, les hommes furent enclins à se rapprocher d'eux et à les entretenir plus familièrement de leurs aspirations et de leurs besoins; c'est ce que confirment les plus antiques légendes que nous ait conservées la tradition.

Ces ennemis imaginaires qu'on se mit à déifier étaient en grand nombre; le polythéisme le plus grossier marqua donc nécessairement la première phase de l'évolution religieuse; et comme il entre dans notre nature de donner un corps à nos idées, chaque Divinité emprunta une forme matérielle, toujours animale à l'origine, pour recevoir les hommages et les sacrifices. L'habitude d'offrir en expiation les meilleurs produits du sol s'étendit naturellement aux animaux que l'homme avait domestiqués, et dans les grandes occasions on immola jusqu'à des créatures humaines, les plus précieuses des victimes. Cette barbare coutume, encore en vigueur chez un certain nombre de peuplades sauvages, a disparu depuis longtemps des pays civilisés, au moins dans sa forme expiatoire, mais c'est également à l'aberration du sentiment religieux que nous devons rapporter les condamnations juridiques prononcées contre les sorciers et les hérétiques.

Les Hébreux qu'on nous représente de toute antiquité si familiers avec l'idée d'un seul Dieu, n'étaient guère moins païens que les autres Sémites, et s'ils ne tombèrent pas dans les excès du polythéisme pendant leur séjour en Égypte, ce fut moins par instinct que par haine de leurs oppresseurs. Moïse nous raconte toutes les peines qu'il eut à les maintenir dans la vraie croyance. Ils dansaient devant le veau d'or au moment où leur furent apportées les tables de la loi, et leurs rois, quand ils eurent assuré leur indépendance, ne cessèrent, malgré les plus sévères — avertissements — du ciel, d'emprunter leurs idoles aux peuples voisins. Les nations anciennes qui nous sont connues par leur brillante civilisation furent toutes polythéistes, et quoiqu'on ait soutenu le contraire à l'égard des Égyptiens, il est difficile de trouver des traces de monothéisme chez un peuple qui comptait autant de groupes de Divinités que de nomes ou provinces. C'est que l'idée d'un Dieu unique, envisagé comme Cause première, suppose une culture intellectuelle qui ne pouvait être que l'œuvre du temps; aussi, mettant à part cette bande de nomades Israélites qui, pour diverses raisons, avaient devancé leur époque, faut-il arriver à une remarquable école de philosophes grecs pour la voir nettement formulée. Même en usant de tous les ménagements que réclamait cette audacieuse innovation, Socrate ne réussit pas à la faire adopter par ses compatriotes, et les pratiques superstitieuses asservissaient tellement les esprits, que ce sage paya de sa tête l'entreprise téméraire d'ébranler les idoles du paganisme.

Ces idoles, la religion chrétienne vint à point pour les renverser, alors que l'empire Romain, las de conquêtes, préludait à sa ruine par le luxe, la débauche et le déchirement des factions. La doctrine du Christ attira les croyants par sa simplicité, par son humanité; elle consacra l'unité d'un Être suprême, et lui donna comme attribut spécial la justice, c'est-à-dire la récompense pour les bons et la punition pour les méchants dans une vie à venir. Pour imposer à ses semblables ce dogme rigoureux, le célèbre illuminé fut obligé de grandir son prestige à la hauteur de sa mission et, de bonne foi, il incarna mystiquement la nature divine dans un corps humain. Violemment persécutée au début, la religion nouvelle s'assit avec Constantin sur le trône des Césars, et marqua souvent son règne par un esprit de superstition et d'intolérance bien éloigné des vues de son fondateur; depuis un siècle seulement, nous avons conquis les libertés qui nous permettent de philosopher sur nos fins dernières. L'éternité des peines et des récompenses repose sur l'intégrité de la responsabilité morale de l'homme ; c'est la plus grave des questions qui puissent s'offrir à nos méditations, car elle met en cause l'existence de Dieu et l'immortalité de l'âme.

L'existence de Dieu n'a pas également pour tous le caractère de l'évidence, si l'on en juge par la prolixité des preuves des théologiens et par les négations des matérialistes. Ces derniers soutiennent que la matière est éternelle, que les lois qui la régissent font partie de son essence, et que toutes les modifications qu'elle subit sont une conséquence fatale, inéluctable de son existence même. Un Dieu n'aurait que faire dans un pareil système. L'homme, simple rouage de cette vaste machine qu'on appelle l'univers, obéit mécaniquement au mouvement imprimé au grand tout ; il ne saurait encourir de responsabilité morale, et son âme disparaissant avec le corps, la mort de l'individu n'est qu'une fusion dans l'ensemble.

Pourquoi la matière n'aurait-elle pas été créée ? Tous les phénomènes dont nous sommes témoins ont une cause plus ou moins nettement définie ; tout est cause ou effet, et la matière, qu'on se représenterait difficilement comme cause, appelle une causalité. La logique nous porte donc irrésistiblement à conclure à l'existence d'une Cause première qui aurait tiré la matière du néant et qui, au pouvoir de la créer, joindrait nécessairement celui de la détruire. Comme nous n'imaginons rien de supérieur à une puissance créatrice, nous admettons qu'elle est infinie, et par conséquent une, puisque aucune autre ne saurait la limiter.

Il est peu de philosophes qui n'aient apporté leur pierre à l'édification de l'univers; et, la besogne faite, la fureur des systèmes en a poussé beaucoup à rechercher en outre comment s'exerce l'action divine sur la création; les uns la veulent primordiale, et les autres continue. Il n'est que sage d'en finir avec des arguties qui ne tendent qu'à éterniser les sottes disputes de la Scolastique du moyen âge. Aussi nous contenterons-nous de savoir que tout est soumis à des lois précises, immuables, qui paraissent comme inhérentes à la matière et qui ne prendront fin qu'avec elle, qu'une dérogation quelconque à l'une de ces lois trahirait de l'imprévoyance et, partant, une imperfection que ne comporte pas l'œuvre de Dieu, et que l'invention des miracles est une preuve manifeste de notre ignorance et de notre superstition.

L'âme, expression fidèle de l'activité biologique du corps, passe par toutes les phases de son évolution organique. Elle naît au moment de la conception et reste à l'état embryonnaire pendant la gestation. Son existence est comme végétative au cours des années qui suivent immédiatement la naissance, et, complètement épanouie à l'époque de la puberté, elle porte ses fruits pendant la période de l'âge mûr. Est-il téméraire d'ajouter qu'elle décline avec la décrépitude physique, et que la mort est le signal de sa dissolution ? Cette fatale conclusion était trop logique pour les esprits incultes et superstitieux des premiers âges, et nous subissons encore la tyrannie des traditions qui ont perpétué la croyance en une vie future. Comment a germé cette idée, et comment a-t-elle pu grandir au point de constituer un corps de doctrine ? Ce sont encore des considérations d'ordre psycho-physiologique qui nous aideront à répandre un peu de lumière sur cette question.

L'aspiration au mieux, on ne cesse de le répéter, est un des traits caractéristiques de notre nature. A vrai dire, cette tendance ne nous est pas personnelle, car elle appartient en propre à tout animal obligé de lutter pour l'existence, et par conséquent à la faune terrestre tout entière ; et si l'être doué de raison a coutume de se l'attribuer exclusivement, c'est parce que, chez lui, elle se manifeste plus visiblement par des effets. Est-il donc étonnant que l'homme primitif, aux prises avec d'inextricables difficultés matérielles, mais imbu déjà du sentiment de sa supériorité, se soit pris à rêver d'un avenir meilleur ? Porté d'instinct vers le merveilleux, il a revu en songe les mânes de ses ancêtres, et cette apparition fantastique a suffi pour le faire croire à la survivance des siens. Que d'abord il n'ait envisagé cette seconde existence que comme la continuation, dans des conditions meilleures, d'une vie relativement misérable, c'est ce qu'il paraît rationnel de supposer. Mais la théocratie, forme exclusive de gouvernement pour les premières sociétés de quelque importance, s'est bien vite emparée de l'idée, et y a trouvé un nouvel et puissant levier d'hégémonie, en donnant comme pendant au bonheur céleste la punition des méchants. Longtemps reléguée dans le domaine de la foi religieuse, la doctrine de l'immortalité de l'âme n'a passé que très tard dans celui des spéculations philosophiques. L'école spiritualiste la fonde sur le principe du mérite et du démérite, et sur la sanction qui en est la conséquence obligée. Cette sanction n'étant pas, d'après elle, assurée par les conditions de l'existence terrestre, c'est dans un monde meilleur (ou pire) que, selon leurs œuvres, les méchants seraient punis et les bons récompensés.

Il suffirait, pour réfuter cet argument, d'invoquer la doctrine de la descendance animale de l'homme et de demander à quelle époque de son évolution, l'être moralement responsable a fait son apparition. On nous répondra qu'il a dû en être des sociétés comme des individus et que l'enfant, irresponsable au début, devient au bout de quelques années justiciable, du tribunal de Dieu d'abord, puis de celui des hommes. A ces partisans du libre arbitre, nous riposterons en relevant toutes leurs contradictions.

Et d'abord, comment expliqueront-ils que la responsabilité devant Dieu précède de plusieurs années celle que l'enfant encourt devant les hommes ? Si, jusqu'à l'âge adulte, il est acquitté pour avoir agi sans discernement, ses actes peuvent-ils, pendant le même laps de temps, être incriminés par le Juge suprême ? Par la voix même de tous les législateurs, nous répondrons : non, cent fois non. Voilà donc, nécessairement, la responsabilité religieuse reculée au moment où la pénalité humaine entre en exercice ; encore est-il impossible de saisir ce moment, car les juges l'apprécient d'une façon bien différente et nombre d'entre eux se préoccupent plus de la vigueur corporelle du coupable que du discernement qui a pu présider à ses déterminations.

Si l'on se bornait à raisonner sur des faits, on dirait : aucun homme n'a jamais eu souvenir de la période antérieure à sa naissance, son âme ne date donc que de cet instant, et sûrement n'existait pas avant la conception ; aucun être vivant n'est entré en relation avec l'âme d'un mort, d'où l'on conclurait avec quelque fondement que l'âme séparée du corps n'est qu'une conception fantaisiste. Mais les apôtres de la vie future vivent surtout d'imagination ; et, après avoir peuplé le monde invisible des ombres des pâles humains, ils se sont donné carrière pour leur assigner une destinée. L'expiation et la récompense ont donc varié dans leurs modes suivant le tempérament propre de chaque race. Toutefois les descriptions qu'on nous en a laissées sont uniformément empreintes d'un matérialisme qui contraste singulièrement avec l'essence de purs esprits. La métempsychose, il est vrai, admettait après la mort un cycle indéfini d'incarnations ; mais l'âme ayant, une première fois, résisté à la rude épreuve de la dissolution de son enveloppe matérielle, il était logique de supposer qu'elle n'aurait plus de fin. L'immortalité de l'âme entraîne d'ailleurs l'éternité des peines et des récompenses.

On s'est depuis longtemps basé sur l'accord constant des peuples civilisés, pour proclamer comme irréfutable la doctrine de l'immortalité de l'âme. Cette preuve aurait effectivement un fondement solide, s'il n'était pas démontré que les préjugés les plus bizarres, les plus extraordinaires, trouvent créance chez le plus grand nombre des hommes. Ce sont, non pas les masses, mais bien quelques intelligences d'élite qui tiennent les vérités en dépôt ; or l'on sait que, dans tous les temps, un certain nombre d'esprits éclairés ont émis plus que des doutes au sujet d'une vie future. En fait, ce qu'on appelle un consentement unanime nous autorise seulement à conclure à une communauté d'origine pour le genre humain, ainsi qu'à la similitude des conditions matérielles dans lesquelles s'est accomplie son évolution.

Religieuse ou philosophique, la doctrine de l'éternité des peines et des récompenses choquera toujours notre raison, et c'est précisément l'impossibilité de l'adapter à notre nature qui nous fournira contre elle, et par suite contre l'immortalité de l'âme, un dernier et sérieux argument.

Pour le philosophe, tout acte contraire à la loi morale entraîne le démérite et, comme conséquence, une sanction qui peut s'étendre à la vie future ; le théologien y voit en outre une suprême offense à la majesté divine, et la condamnation que le pécheur encourt se trouve entachée d'une mesquine idée de vengeance. Au reste, l'un et l'autre se préoccupe très peu de rechercher à quel point la volonté a été libre dans ses manifestations, et proportionne le démérite à la gravité du crime. Mais si, comme nous l'avons exposé dans le chapitre précédent, la conformation organique du coupable lui vaut, dans tous les cas, des circonstances atténuantes, que devient sa responsabilité morale ? Toucher, si imperceptiblement que ce soit, au libre arbitre, n'est-ce pas désarmer la colère céleste ? Et quand bien même la volonté resterait entière, un acte fini constituant un péché commis par une créature essentiellement bornée, peut-il entraîner un châtiment illimité dans le temps ? Nous avons donc de bonnes raisons pour douter de l'application de la peine, et de meilleures encore pour affirmer que cette peine, si elle doit être appliquée, ne comporte pas l'éternité.

La perspective de récompenses éternelles s'accorde mieux avec nos aspirations comme avec la bonté de Dieu, mais elle ne peut aller sans l'éternité des peines, car la miséricorde du Souverain Juge empiéterait sur sa justice en amnistiant les méchants ; ce n'est donc plus qu'une douce illusion, et nous devons nous contenter de la sanction de ce monde, quelque éphémère et imparfaite qu'elle soit.

Nos plus graves erreurs ont leur source dans l'immensité de notre orgueil. Nous nous sommes jugés si grands sur cette terre, que nous ne savons pas nous résigner à mourir comme le reste des créatures ; et si nous subissons cette loi de la nature comme une nécessité, nous en tempérons la rigueur par des rêves charmants d'immortalité spirituelle. Chez les nations antiques où la douceur s'alliait à la soumission, cette riante perspective n'était guère assombrie, et, jusque dans l'autre monde, les criminels les plus endurcis trouvaient des moyens de réhabilitation. Il paraît que cette sanction morale n'était pas suffisamment répressive pour des peuples plus turbulents, puisque d'illustres législateurs ont eu recours, pour les contenir, à la menace de châtiments éternels. Ce dogme était acceptable, en tant qu'il répondait à une nécessité sociale ; avec les progrès de la science et des mœurs, on n'est plus en droit de l'imposer. Mieux éclairés maintenant sur l'essence de notre nature, nous ne pouvons attribuer à personne la faculté de rompre la chaîne qui relie tous les êtres, et de créer pour l'homme une situation à la fois privilégiée et terrible. Aussi reprochons-nous aux religions en général, même à celles qui ont le mieux posé les règles de la charité, de laisser un abîme béant entre nous et le reste de la création. Les doctrines naturalistes nous aideront à combler cette lacune, et la fraternité de la grande famille humaine s'étendra dans l'avenir à tout ce qui porte le germe de la vie. Le jour où nous serons bien convaincus de notre communauté d'origine avec les plantes et les animaux, nous ne mutilerons plus inutilement une fleur*; nous ne verrons dans la destruction des bêtes nuisibles qu'un besoin de préservation, et non un plaisir ou un passe-temps; nous traiterons les animaux domestiques avec une douceur qui fera s'évanouir toutes les sociétés fondées dans le but de les protéger, et la loi Grammont, n'ayant plus d'objet, sera rayée à jamais de notre code pénal.

---

* Lire à ce propos le ravissant conte chinois intitulé : *Les Pivoines.*)

XV

DE L'ÉDUCATION ET DE L'INSTRUCTION.

Au physique comme au moral, les peuples sauvages ne sont guère mieux partagés que les animaux. L'Européen civilisé n'accepte pas cette comparaison. A-t-il tort, a-t-il raison ? C'est ce que nous allons rapidement examiner.

D'abord il vient au monde chétif et misérable, incapable de se mouvoir et de se nourrir. Au bout de douze mois seulement il hasarde ses premiers pas, et son existence est presque animale pendant plusieurs années. Il a besoin des soins incessants d'une mère pendant sa longue enfance et, jusqu'à l'âge adulte, il reste à charge à sa famille. Il a plus de vingt ans lorsqu'il embrasse une profession et que la loi en fait un citoyen; il meurt à quarante ans en moyenne, de sorte qu'il met autant de temps à apprendre un métier qu'à en vivre. Du produit de son travail il fait deux parts, dont une échappe à son bien-être, et lui donne seulement le droit d'appartenir à une société. Il suspend son apprentissage pour satisfaire à une loi militaire qui l'expose à chaque instant, et tant qu'il sera valide, à verser son sang sur un champ de bataille pour assouvir l'ambition d'un souverain ou expier les folies d'une nation. Au reste, il chercherait en vain un terrain pacifique, tout est lutte pour lui. Il combat sans trêve pour l'existence matérielle, il se débat entre mille maux réels ou imaginaires et, triste privilège de l'intelligence, il s'ennuie, se désespère et parfois se suicide.

Sous le rapport purement moral, son lot est-il meilleur? Oui et non. Oui, s'il doit à l'hérédité une heureuse conformation cérébrale, si la sollicitude de ses parents s'étend à sa culture intellectuelle, s'ils développent et dirigent vers le bien les facultés de son âme et s'il devient vraiment homme, non seulement par le corps, mais encore et surtout par l'esprit et le cœur. Non, s'il est né vicieux, si l'éducation et l'instruction lui font absolument défaut, et si son activité ne se déploie que pour la satisfaction des passions les plus bestiales.

L'éducation de l'homme comprend deux parties bien distinctes : son développement physique et son apprentissage social. A ne considérer que la première, il existe une méthode bien simple, celle qui consiste à laisser l'enfant s'ébattre en liberté comme les animaux et, s'il se peut, en pleine campagne, afin que le corps acquière, dans un milieu hygiénique, toute la force et la souplesse désirables. Mais les conditions particulières d'existence des parents, comme la nécessité d'inculquer à leur jeune rejeton, dès l'âge le plus tendre, les règles de la vie sociale, apportent à ce système de grandes restrictions.

L'instruction poursuit également un double but : elle nous apprend, avec nos droits, nos devoirs envers nous-mêmes et envers nos semblables, et met en œuvre ces aptitudes ou facultés qui nous élèvent aux plus hautes conceptions de l'intelligence. Pour bien comprendre la progression à suivre et les soins à prodiguer dans cette tâche difficile, parcourons les phases diverses par lesquelles il nous faut passer pour arriver à l'état d'homme.

Le cerveau de l'enfant, à sa naissance, est une substance impressionnable au plus haut degré, malléable jusqu'à un certain point, et, particularité dont on tiendra grand compte, vierge de toute sensation. Il importe donc beaucoup de ménager cet organe pendant les premières semaines et de le préserver de toute émotion violente; à cet égard, comme pour plusieurs autres motifs, la mère sera la meilleure des nourrices. Cependant les mois se passent et, quoique encore esclave de la matière, notre marmot ne perd pas son temps. Il exerce ses sens, il fait connaissance avec chaque objet, et le premier résultat de cette étude, c'est la séparation très nette qu'il établit entre sa petite personne et tout ce qui l'entoure. Puis il apprend à parler en perroquet, il bavarde jusqu'au jour où, se prenant à penser, il trouve des termes de comparaison, ébauche des jugements et cesse d'obéir au pur instinct. C'est vers l'âge de quatre ans que s'est accomplie cette métamorphose; il commence à mieux se souvenir et, grâce à l'aide que lui prête l'intelligence, souvent les choses gravées alors dans sa mémoire ne s'effacent qu'avec la vie. Presque à la même époque, il aborde une seconde et importante branche des connaissances humaines : il s'exerce à l'écriture. Nous nous rappellerons toujours les prodigieux efforts que nous coûta cet apprentissage. Nous arrivâmes assez facilement à tracer les lettres de l'alphabet, mais quand il fallut les assembler et composer des mots, nous désespérâmes d'y jamais parvenir. Heureusement nous avions pour voisin un camarade plus précoce, sinon plus intelligent, qui franchit le pas si rapidement, qu'une noble émulation nous transporta et nous donna en quelques jours la clef du mystère. L'émulation! Quel puissant levier pour secouer la torpeur des jeunes intelligences! Ce sera plus tard la concurrence; laissons pour le moment à cet instinct qui nous pousse à égaler, à surpasser même nos semblables, un nom plus conforme aux aspirations du premier âge.

On admet que l'enfant est raisonnable vers sa septième année, c'est-à-dire que son niveau intellectuel comporte alors une sorte de responsabilité morale. Jusque là l'éducation du bébé a été surtout physique ; la satisfaction des besoins matériels, les jouets, les jeux les plus variés ont tenu toute la place que l'école laissait inoccupée. Nous nous trompons, il y a eu place pour autre chose encore : les enfants ont appris à aimer leurs parents et leurs proches. C'est par des soins répartis à chaque instant d'une façon intelligente, que les parents obtiennent ce précieux résultat ; et point n'est besoin, pour y arriver, de ces effusions irréfléchies, de ces gâteries exagérées qu'ils prodiguent si souvent en pure perte.

Passé l'âge de sept ans, il doit s'établir dans les familles une ligne de démarcation. Jusqu'alors l'éducation avait été commune entre les garçons et les filles ; maintenant elle va se différencier nettement, car le moment est venu de donner au sexe masculin cette teinte de virilité qui plus tard constituera le fond du caractère de l'homme. D'autre part, l'instruction proprement dite commence, lente et approfondie pour les garçons, rapide et quelque peu superficielle pour les filles. Aussi bien la nature, qui destine ces douces créatures à devenir épouses et mères, a-t-elle poussé la prodigalité jusqu'à leur départir des trésors de tendresse pour leur permettre de remplir dignement cette double mission ; il reste peu à leur enseigner ([h]).

Nous aurions beaucoup à dire sur les méthodes d'instruction en vigueur aujourd'hui. En France, les écoles primaires sont gratuitement ouvertes à tous, et le plus grand nombre, c'est-à-dire les déshérités de la fortune, ne peut aspirer qu'à une instruction élémentaire, qu'on dirigera exclusivement dans un sens professionnel, au plus grand bénéfice de l'agriculture, du commerce et de l'industrie. Quant aux élèves engagés dans la laborieuse filière des études classiques, leur situation réclame de nombreuses réformes qu'on a le droit d'attendre d'une civilisation de plus en plus éclairée. Le séjour de la campagne, ou tout au moins de la banlieue des villes, de vastes bâtiments entourés d'immenses cours, la gymnastique largement pratiquée et rendue attrayante par les jeux : voilà pour l'hygiène. Quant à l'enseignement lui-même, il paraît indispensable de le spécialiser de bonne heure, en présence de ces programmes toujours plus chargés qui menacent, comme une marée montante, de faire sombrer jusqu'aux intelligences d'élite. Il embrassera plus de langues vivantes et moins de grec et de latin ; le droit usuel s'apprendra en même temps que les sciences naturelles ; des collections variées et des laboratoires complets permettront aux professeurs de joindre les leçons de l'expérience à l'exposé théorique. D'une façon générale, on abandonnera les fictions creuses, vagues et poétiques, pour s'attacher à la réalité des choses.

Le naturalisme remplaçant la poésie! Combien de bonnes âmes crieront au sacrilège! Qu'elles se rassurent; tant qu'il existera des passions humaines, les œuvres d'imagination ne seront pas près de périr, et la tâche des moralistes consistera plus à refréner qu'à pousser dans cette voie. Et d'ailleurs la nature, considérée dans son admirable splendeur et dans sa richesse inépuisable, ne fournit-elle pas le texte des poèmes les plus variés et les plus grandioses? Ce que nous appelons aujourd'hui l'imagination n'était, dans l'enfance de l'humanité, que l'opération grotesque qui consiste à s'emparer de toutes les divagations d'un esprit encore mal équilibré pour en composer un tout bizarre et toujours invraisemblable. Le temps est venu de la contenir dans les limites du réel, c'est-à-dire du vrai, source unique de toute beauté.

Il n'entre pas dans notre plan de pousser plus loin cette esquisse pédagogique, mais nous ne saurions trop insister sur le devoir qu'ont les parents de continuer à être les éducateurs de leur progéniture, jusqu'au moment où la nichée prendra son vol. Peu d'entre eux, malheureusement, peuvent remplir ce rôle jusqu'au bout. Les ouvriers, les artisans, les commerçants et en général tous les pères de famille dont les affaires occupent presque tout le temps, ne voient leurs enfants qu'en passant, et confient au hasard ou à des maîtres le soin de les élever et de les instruire. Heureux les jeunes êtres dont les parents ont assez de loisirs pour coopérer à cette double tâche ! De la semence ainsi répandue sur un sol fertile, il sortira des germes abondants et vigoureux.

Formons des caractères en même temps que des intelligences; élevons nos enfants pour en faire des hommes et évitons de nous dérober à cette obligation, parce que nous avons nous-mêmes les meilleures chances de réussir. Devenus grands, à leur tour ils élèveront d'autres hommes et perpétueront les saines traditions qui assurent la prospérité des familles et l'avenir des sociétés.

XVI

LE PROGRÈS PHYSIQUE, INTELLECTUEL ET MORAL.

La question du progrès physique de l'humanité devient très complexe à mesure qu'on remonte le cours des âges, car les documents historiques font de plus en plus défaut. C'est pourquoi nous baserons nos conclusions moins sur des faits que sur les causes elles-mêmes. Nous nous occuperons successivement du développement corporel et de la perfection des formes.

L'espèce simienne dont nous descendons et qu'on s'accorde à regarder comme bien distincte des anthropoïdes actuels, n'a pas encore été retrouvée dans les couches du terrain tertiaire[*], mais on suppose avec quelque raison que sa taille ne dépassait pas celle des grands singes connus. Le gorille, celui de tous les anthropomorphes qui, à l'état adulte, atteint les plus fortes dimensions, ne mesure en moyenne que 1^m,45, tandis que la taille moyenne de l'Européen s'élève à 1^m,66. Il résulterait de ces chiffres un progrès marqué dans la stature de notre espèce.

Nos premiers ancêtres avaient probablement les membres grêles et les extrémités longues et effilées ; leur système musculaire les portait plus à la vivacité des mouvements qu'à l'intensité et à la continuité de l'effort. Nous avons décrit les transformations qu'un genre de vie nouveau fit subir aux mains et aux pieds de ces intéressants primates et le développement cérébral qui en fut la conséquence. Le corps

---

[*] Toutefois, au Congrès d'anthropologie et d'archéologie préhistoriques tenu à Paris en septembre 1889, M. Ferraz de Mascedo, savant Portugais, a informé ses collègues qu'il avait découvert un squelette humain, intact, dans une couche tertiaire. Le fait mérite confirmation.

dut s'allonger en même temps, parce que la station verticale rectifia la colonne vertébrale et que la tête gagna en hauteur. Nous ne pensons pas qu'il en soit résulté un accroissement bien considérable de taille si ces deux causes ont seules agi, et c'est beaucoup de l'évaluer à une vingtaine de centimètres.

Les habitants des régions tempérées étaient sans doute, comme aujourd'hui, plus grands que ceux des pays chauds ; mais le contraste fut, au début, moins accentué que de nos jours parce que les climats, à l'époque tertiaire, présentaient plus d'uniformité, et qu'un intervalle de temps moins considérable nous séparait de notre origine commune.

La vigueur corporelle tend-elle à croître ou à décroître ? Nous penchons pour la décroissance, et de nombreuses raisons viennent à l'appui de cette opinion ; il nous suffira de les énumérer pour en faire comprendre l'importance. Ce sont :

1° la prépondérance du travail intellectuel sur le travail musculaire ;

2° les habitudes sédentaires que la civilisation impose à un grand nombre de travailleurs ;

3° l'agglomération des populations dans les villes, au détriment des campagnes ;

4° le travail industriel dans les mines, les fabriques, les établissements insalubres, etc. ;

5° l'extension donnée aux établissements soi-disant philanthropiques, qui perpétuent la race des malingres, des rachitiques, des scrofuleux, des épileptiques, des incurables, etc. ;

6° les guerres modernes, qui arment tous les hommes valides, et dans lesquelles le nombre des victimes est proportionné à la masse des combattants et à la puissance des engins de destruction ;

7° l'abus du tabac, de l'opium, de la morphine et les ravages de l'alcoolisme ;

8° enfin et pour la France tout au moins, les trop nombreux mariages où l'on fait passer la dot avant la santé.

A proprement parler, on ne peut supprimer aucune de ces causes de décadence, car elles sont nées des exigences de la vie moderne. Toutefois, il est possible d'enrayer les progrès de l'alcoolisme par une meilleure loi sur le régime des boissons ; et, d'une façon générale, on améliorera la santé publique par l'application de toutes les règles de l'hygiène. C'est ici qu'interviendra la sollicitude de nos gouvernants. Nous possédons depuis un temps immémorial des médecins, des vétérinaires ; pourquoi n'aurions-nous pas des hygiénistes de profession ? Les comités, les commissions, les conseils d'hygiène ne s'occupent en fait que de questions d'intérêt général, et leur insuffisance, en matière d'hygiène individuelle, démontre jusqu'à l'évidence l'impérieuse nécessité de cette institution *.

Presque toutes ces causes de dégénérescence physique sont d'importation récente; et la brillante civilisation du xixe siècle, qui nous entraîne si précipitamment dans la voie du progrès intellectuel, nous débilite à tel point qu'on se demande s'il n'eut pas mieux valu rester à mi-chemin.

La beauté corporelle est-elle en rapport avec l'intelligence ? Notre amour-propre ne laisse pas de doute sur notre réponse. Peut-être serons-nous moins affirmatifs si nous examinons sans parti pris ce qui se passe sous nos yeux. Chaque espèce animale préfère son type à un autre, quelque rapprochés qu'ils se trouvent tous les deux dans l'échelle zoologique, et certainement nos premiers ancêtres auraient mieux goûté leurs formes que les nôtres, s'ils avaient été à même de faire la comparaison. Nos poètes, nos artistes ont tous exalté la perfection du corps humain ; la religion chrétienne va plus loin, elle y voit l'image de la Divinité. De pareilles prétentions font sourire ; tel animal, dans sa frêle organisation, présente une délicatesse, une harmonie de structure qui témoignent, aussi éloquemment que

---

* Voir, à la suite des notes, le projet d'organisation d'un corps d'hygiénistes.

tout le reste de la création, de la puissance infinie de Dieu. Nous ne valons davantage que par l'intelligence, qui se reflète spécialement dans le regard. C'est l'œil qui, par son expression et sa profondeur, constitue le caractère distinctif de notre race, et nous avons le droit d'être fiers de posséder un organe dont le charme magique sert presque toujours de correctif à la laideur du visage.

La forme humaine a peu varié depuis de longs siècles, et les statues grecques inspirent encore nos plus célèbres artistes. Toutefois la tête a grossi progressivement sous l'influence d'une plus active élaboration cérébrale; l'abus de la lecture, de l'écriture et du dessin affaiblit dès l'enfance l'organe de la vue; l'usage de la coiffure pousse à une calvitie de plus en plus précoce, et une nourriture trop animale fait tomber les dents prématurément. En admettant une aggravation progressive de ces infirmités, on a calculé que, dans 3,000 ans, nous n'aurions plus ni dents ni cheveux; et si la tête continue à grossir au mépris du reste du corps, on verra dans un avenir lointain l'être noble et prétentieux par excellence se présenter sous l'aspect d'un nain difforme, édenté, à l'œil clignotant, portant péniblement des trésors d'intelligence emboîtés dans un crâne dénudé. Nous parlons, bien entendu, sans les opticiens, les perruquiers et les dentistes ([1]).

Nous marchons donc, physiquement, vers la décadence (k). Est-ce dans l'exercice de nos facultés intellectuelles qu'il faut chercher des signes certains de progrès ? Depuis que de grands génies ont surpris quelques-uns des secrets de la nature, nous ne comptons plus les découvertes et chaque jour enregistre une nouvelle conquête sur la matière. Certes, les premières civilisations ont brillé d'un vif éclat, mais combien elles pâlissent devant le flambeau de la civilisation moderne ! Que sont les siècles écoulés par rapport au nôtre, que sera demain comparé à aujourd'hui ? Mais hélas ! nous vivons dans un monde où le bien appelle le mal, le mieux le pire. Nous n'avons pu perfectionner nos instruments de travail sans augmenter la puissance de nos armes de guerre ; les machines industrielles, en détruisant l'équilibre entre la production et la consommation ; l'instruction, en développant dans les masses les germes d'une égalité illusoire, créent une question sociale grosse d'éventualités redoutables. C'est donc au prix de luttes incessantes, marquées par des périodes prolongées de stagnation, que nous continuerons notre marche en avant.

Au point de vue moral, l'homme s'est incontestablement perfectionné ; cette importante évolution demande quelques éclaircissements, car on y voit avec raison la vraie caractéristique du progrès.

La morale consiste dans l'ensemble des devoirs obligatoires ou facultatifs, qu'impose la vie sociale.

Les premiers sont codifiés sous la dénomination de lois, que chacun doit connaître et qu'il est forcé d'observer. Les seconds relèvent des mœurs ; ils résultent de la convenance de conserver intactes sa force physique et ses facultés intellectuelles, pour les faire servir à la prospérité de l'individu et concourir au développement du bien-être social. A toutes ces obligations correspondent des droits analogues, c'est-à-dire que nous sommes matériellement protégés par les lois, et que nous attendons justement de nos semblables la réciprocité des services que nous leur rendons volontairement. On a souvent prétendu que, faute de trouver dans la raison naturelle un point d'appui suffisamment solide, la morale avait besoin de faire appel aux croyances religieuses. L'idée de Dieu occupe, avec raison, une grande place dans les abstractions de la philosophie ; mais pour l'imposer comme base nécessaire de notre conduite, il faudrait préalablement démontrer que les conditions de l'existence terrestre n'ont pas réussi à fonder une morale naturelle, et que les institutions humaines sont impuissantes à assurer la sanction des lois.

Le besoin de se grouper pour vivre en société remonte presque aux origines de la vie. Les premières colonies animales douées de quelque instinct se sont formées en vue de pourvoir plus facilement à leur subsistance et de se défendre contre leurs ennemis ; cette convenance est devenue une nécessité avec la multiplication des individus dans certaines espèces. De cette réunion d'êtres semblables ont résulté des obligations diverses, d'abord et forcément le respect de la vie d'autrui, puis le travail organisé dans l'intérêt de la communauté. Avant l'apparition de l'homme sur la terre, les singes, même ceux d'une espèce supérieure, ne réalisaient pas le type social le plus parfait pour l'époque. Ils ne possédaient ni la prévoyance de la fourmi, ni l'industrie de l'abeille ou du castor, et leur humeur vive et batailleuse avait besoin d'un maître pour maintenir un peu d'ordre dans la tribu. Aussi, quand les plus privilégiés d'entre eux vinrent s'établir sur les bords de l'Oxus, ne reconnaissons-nous à leur actif moral qu'un caractère sociable et l'amour de la progéniture. Il serait toutefois téméraire d'affirmer qu'ils n'atteignaient pas au modeste niveau des peuplades les plus dégradées de l'ère actuelle.

« L'apprentissage de la moralité, — a dit très
« justement M. le docteur Letourneau, — ne s'élève
« pas au-dessus du dressage d'un chien d'arrêt ou
« de berger, dans la première phase de son déve-
« loppement. Ces animaux agissent si contrairement
« à la nature de leurs ancêtres sauvages, parce que
« les ordres de nombreuses générations de maîtres
« humains, réitérés toujours de la même manière à
« la série de leurs aïeux domestiques et convena-

« blement appuyés de punitions et de récompenses,
« ont fini par se graver dans le cerveau de l'animal,
« par s'y incorporer en y déterminant une habitude
« héréditaire, une association automatique de dé-
« tentes nerveuses s'enchaînant et se provoquant
« les unes les autres. »

La culture morale, en effet, n'est autre chose qu'une déviation d'instincts ; elle suggère des habitudes nouvelles, auxquelles une transmission héréditaire prolongée donne le caractère de l'instinct même, avec cette différence néanmoins que, si ces habitudes n'étaient pas sans cesse entretenues par l'éducation individuelle, l'animal, quel qu'il soit, tendrait à retourner, plus ou moins rapidement, à son instinct originel. En fin de compte, on est forcé d'admettre que l'espèce humaine a été fixée, non seulement lorsque les individus ont eu la faculté de se reproduire indéfiniment, mais encore lorsque par la qualité, le nombre et les liaisons des cellules grises du cerveau, des aptitudes géniales l'ont différenciée nettement des autres groupes. L'évolution morale, pour l'homme tout au moins, ne s'est pas arrêtée au moment de la fixation matérielle de l'espèce, et aujourd'hui comme jadis, nous avons besoin d'être raffermis personnellement dans la pratique des mœurs que nous impose une société en voie de continuelle transformation ; chacun de nous a son éducation et son instruction à refaire, ce qui prouve bien que nous n'apportons pas, en venant au monde, une morale toute faite.

L'être moral agit sous l'impulsion de la sensibilité et de l'intelligence; il n'effectue donc pas d'autres opérations que celles dont nous avons déjà analysé le mécanisme psycho-physiologique. Mais ce qu'il faut retenir surtout, c'est le caractère généralement égoïste qu'affectent les actes volontaires réfléchis. Nous sommes toujours intéressés à faire ou à ne pas faire telle ou telle chose, et ce n'est qu'une apparence d'altruisme qui peut cacher aux esprits superficiels le motif déterminant. Les traits les plus remarquables d'abnégation et de sacrifice tiennent souvent moins de la réflexion que de l'instinct ou de l'habitude. Maint sauveteur qui hasarde sa vie pour celle de son prochain, s'il n'est pas mu par l'intérêt ou par une sympathie particulière, agit simplement comme un chien de Terre-Neuve, et arrive, par la répétition de l'acte, à ériger en profession humanitaire l'habitude du dévouement. Assurément la charité réfléchie est la plus méritoire, mais qui pourra jamais se flatter de connaître vraiment les motifs qui dictent la conduite de l'homme bienfaisant, et, à tort ou à raison, la civilisation n'a-t-elle pas surfait la pureté de la morale? Pourquoi rougirions-nous d'avouer que la nature ne nous a faits sensibles que pour assurer notre lendemain, que le plaisir et la douleur sont les seuls principes de la conservation de l'être, puisque cette vérité reçoit à chaque instant la plus éclatante consécration de l'expérience ?

Tout se tient dans un système de morale bien ordonné, et c'est même au degré d'harmonie que présentent les mœurs d'un peuple qu'on peut mesurer son niveau moral. L'auteur que nous avons cité plus haut fait remarquer que c'est la partie la moins relevée de la moralité, la morale commerciale, qui s'est d'abord développée chez les hordes sauvages ; la probité dans les transactions s'y rencontre avec le plus farouche mépris de la vie humaine. Cette anomalie montre clairement que c'est par un grossier compromis entre l'intérêt individuel et d'impérieuses nécessités collectives que les premières sociétés ont commencé. La moralité supérieure ne s'est développée que bien plus tard, et là où une longue suite de générations a été soumise à une même culture. Toutefois ses délicatesses ne datent pas d'hier ; bien avant le Christ, les législateurs de l'Égypte, de l'Inde, de la Perse et de la Chine avaient posé les vrais principes de la charité et de la fraternité humaine. Devons-nous en conclure qu'il ne reste plus rien à faire dans cette voie? Bien certainement les hommes, en s'instruisant mieux de leurs devoirs, arriveront à les mieux pratiquer, mais n'oublions pas que nous ne cesserons jamais d'appartenir à l'animalité par l'instinct et la sensation.

16

Une civilisation de plus en plus raffinée, en nous découvrant de nouveaux horizons, augmente nos besoins, aiguise nos appétits, surexcite nos passions ; une concurrence toujours plus acharnée nous porte à multiplier nos moyens de lutte et, par suite, à nous montrer moins scrupuleux sur leur choix et sur leur honnêteté. De toutes ces influences contraires se dégage un état tellement voisin de l'équilibre, qu'il nous est interdit de l'appeler le progrès.

L'histoire nous apprend que les peuples ont, comme les individus, leur enfance, leur maturité et leur vieillesse. Pourquoi l'humanité prise en bloc n'obéirait-elle pas à la même loi? Son enfance est passée depuis longtemps, et il faut croire que nous touchons à la période de sa maturité, puisque déjà nous démêlons des symptômes non équivoques de décadence. Estimons-nous heureux d'appartenir à l'époque privilégiée et d'être parvenus au faîte d'où, sans fierté mais avec la sérénité du sage, nous pouvons entrevoir là-bas, à travers les âges, d'un côté notre berceau, de l'autre notre tombe.

XVII

AVENIR DE L'HUMANITÉ.

Des philosophes ont poussé l'optimisme jusqu'à prédire une ère de paix universelle basée sur le règne de la justice et de la liberté. C'est bien peu connaître notre nature que de caresser d'aussi vaines espérances. La vie est un perpétuel combat, et cette humeur batailleuse que nous tenons de nos ancêtres simiens, une concurrence toujours plus effrénée, ne fait que la surexciter davantage. Réduisez à deux les représentants de l'espèce humaine; pensez-vous, dans des conditions si favorables, qu'entre eux régnera la concorde? La réponse nous est donnée par un naïf, mais bien typique, récit de la Bible. Caïn et Abel avaient la terre entière à se partager, et cependant un point d'amour-propre, une rivalité à propos de l'excellence de leurs produits, les engagea dans une lutte fratricide. De la famille passez à la tribu, les éléments de discorde se multiplieront en raison du nombre de ses membres. Augmentez la population actuelle du globe, supputez les habitants par milliards, groupez-les par nationalités compactes et homogènes, quel meilleur résultat aurez-vous obtenu? Autant de nations, autant de rivaux qui deviendront tôt ou tard de redoutables ennemis. Le seul moyen de supprimer les causes de conflit inhérentes à cet état de morcellement politique, celui qui consisterait à ne faire qu'un peuple de tout le genre humain, vous échappera toujours à cause des configurations géographiques, des distances, des climats et des différences de races. Nous assistons, aujourd'hui même, à ce triste spectacle des nations les plus civilisées s'armant jusqu'aux dents pour la préparation d'une guerre jugée inévitable, et employant toutes leurs forces vives à s'assurer la supériorité par la perfection de leurs engins de destruction. On a bien, à maintes reprises, agité vaguement la question d'un désarmement général; mais les difficultés d'exécution, jointes à l'impossibilité d'assurer la permanence du régime, nous obligent à reléguer cette proposition parmi les utopies. Il faut donc se résigner et accepter, pour l'avenir comme pour le présent, la lutte à l'état permanent.

Au reste, la multiplication de notre espèce fait naître de nouveaux et impérieux besoins, et rend tous les jours plus acharnée la concurrence pour la vie, ajoutant ainsi sans relâche aux germes d'antagonisme accumulés par la suite des temps. Les sciences naturelles, quand on les interroge sur l'avenir, ne répondent pas non plus d'une façon bien rassurante.

Nous savons que notre planète a été incandescente, que sa température s'est progressivement et constamment abaissée, qu'à son tour le soleil doit s'éteindre et qu'un jour arrivera, si reculé qu'il soit, où nous disparaîtrons sous un linceul de glace (¹). Pour le moment, la zone froide inhabitable est limitée à une région assez restreinte autour de chaque pôle; mais la loi est inexorable, et l'heure sonnera où les Esquimaux et les Lapons devront déménager. Notre tour viendra plus tard et, des deux hémisphères, partiront simultanément de grandes migrations humaines pour venir se rejoindre, dans les zones torrides devenues tempérées, en une gigantesque mêlée. Que se passera-t-il alors? Rien de ce que rêvent nos philanthropes; les derniers humains se battront pour leur dernier morceau de pain ou de charbon et, suivant l'expression énergique du Cid, le combat finira faute de combattants (ᵐ).

Cette sinistre prédiction, à mille et mille siècles de date, n'aura certainement pas le don d'émouvoir la génération présente. Aussi rentrerons-nous dans le domaine de l'actualité en examinant si, dans un avenir prochain, un *modus vivendi* peut s'établir entre les peuples civilisés sous la forme d'une trêve de quelque durée.

Les rapports politiques et commerciaux entre États indépendants sont réglés par des traités de paix et de commerce, qui terminent ordinairement une guerre et dont les conditions sont par conséquent dictées par le vainqueur. Quelquefois plusieurs puissances se réunissent pour signer des traités d'alliance offensive et défensive, dans le but apparent d'assurer l'intégrité de leur territoire ; il est rare que quelque clause secrète ne les autorise pas à s'arrondir aux dépens d'un voisin. Enfin il arrive aussi que, par une garantie collective, on place quelque petit État, dont le maintien importe à la paix générale, sous la sauvegarde de plusieurs grandes puissances. Nous savons, par une expérience déjà prolongée, ce que valent ces sortes de contrats ; les passions populaires, l'ambition des souverains, le désir d'une revanche, l'opportunité des circonstances et mille incidents qui défient les combinaisons de la diplomatie, ne tardent pas à les déchirer. Une pratique machiavélique met les intérêts des peuples au-dessus des engagements internationaux, et nous constatons avec amertume que les princes qui violèrent le plus impudemment la parole donnée, ne sont pas ceux qui contribuèrent le moins à la prospérité de leur pays.

Il est souvent arrivé qu'on a soumis un différend entre deux nations à l'arbitrage d'un souverain dont la décision a été généralement respectée. Mais pour qu'une pareille solution soit proposée et acceptée, il faut le concours de plusieurs circonstances : la droiture bien connue de l'arbitre, une inégalité marquée de puissance entre les appelants, la tendance préalable du plus fort à la conciliation et l'exclusion de la politique générale dans la matière du grief. Ce n'est donc là qu'un expédient sans action efficace sur la conduite des affaires internationales. Les plus fanatiques d'entre les catholiques Romains ont prétendu trouver dans le Pape l'arbitre permanent de ces sortes de causes, étendant ainsi au domaine temporel l'infaillibité spirituelle de l'Église. L'initiative de cette proposition, que son caractère général ferait difficilement accepter, n'appartient pas à ceux qui proclament bien haut que le royaume des vrais chrétiens n'est pas de ce monde.

Actuellement on préconise l'institution d'un arbitrage international, d'un tribunal suprême où tous les États compteraient des représentants, et devant lequel ils conviendraient de porter tous leurs litiges. Mais comme ses arrêts manqueraient de sanction ou même que, par un cercle vicieux, on n'aurait qu'une pression brutale pour assurer leur exécution, ce n'est pas là non plus qu'il convient de chercher une solution pratique.

Pour ne rien oublier, nous mentionnerons en passant la motion ridicule par laquelle on prétend satisfaire tous les appétits, en donnant en pâture à chaque État le lambeau de territoire qu'il convoite, sous la garantie collective de tous les affamés. Nous serions en peine d'indiquer les moyens d'opérer la distribution de cette grasse curée; mais qu'arriverait-il, une fois la besogne faite? L'appétit reviendrait vite et tout serait à recommencer.

Quelle dernière ressource reste-t-il donc à la pauvre humanité? Sera-ce l'hégémonie d'un peuple jeune et puissant, civilisé et pacifique, capable d'imposer à tous sa volonté par le double prestige de sa supériorité matérielle et morale? Chassons encore cette dernière illusion. Si les conquêtes établissent cette suprématie, rappelons-nous qu'elles n'ont jamais créé qu'un équilibre instable, car l'histoire nous montre les plus formidables empires renversés plus facilement et plus vite qu'ils n'ont été fondés. S'agit-il au contraire d'un rôle exclusivement pacifique, nous répéterons que, comme les individus, les peuples naissent puis meurent après avoir atteint un certain degré de croissance, et que leur âge mûr n'occupe qu'un moment dans la série des siècles (n).

Ce qui importe avant tout, c'est de multiplier les relations pacifiques entre les nations, c'est de solidariser leurs intérêts, d'exiger de tout homme valide l'impôt du sang, et de faire dépendre la question de guerre, moins de l'ambition d'un conquérant que du libre consentement de ses sujets; à ces conditions seulement, la civilisation pourra compter quelques périodes de calme et de progrès.

Malheureusement l'accord de tous les intérêts, déjà bien difficile à réaliser entre les diverses fractions d'un grand peuple, devient une chimère lorsqu'à des différences de nationalité s'ajoutent des différences de race. Une civilisation cosmopolite, qui devrait supprimer les frontières, accumule les rivalités en les dissimulant sous le masque de la courtoisie, et cet antagonisme longtemps contenu prépare d'effroyables catastrophes. Certains philanthropes, emportés par la fougue de leurs aspirations généreuses, ont cru poser les bases de l'alliance universelle en prêchant une politique extérieure sentimentale, qu'ils opposent fièrement à l'esprit d'égoïsme qui préside en général aux relations internationales. Cette idée chevaleresque a trouvé de l'écho chez nous; la France lui a payé déjà de bien lourds tributs, et sa fureur à intervenir partout et à tout propos en faveur des opprimés, n'a servi qu'à la coiffer du casque de Don Quichotte. La politique des intérêts, au contraire, a fait ses preuves, et s'il fallait en citer une, toute d'actualité, nous n'aurions qu'à montrer deux peuples devenus puissants à l'excès, pour avoir su dégager le sentiment de la conduite des affaires extérieures. Mais l'exagération de cette pratique gouvernementale a ses dangers, car elle conduit à l'isolement; elle ne réussit qu'aux agglomérations fortes par le nombre et la cohésion.

Que conclurons-nous de ces considérations naturalistes ? Que la terre sera dans l'avenir, comme par le passé, un champ ouvert à toutes les compétitions, que les moments de paix dont on jouira ne seront que des périodes de préparation à la guerre, que la force brutale primera fatalement le droit, et que les nations attardées à des rêves philanthropiques auront le sort de celles qui méconnaissent tout principe d'autorité (°).

FIN

NOTES

(A) Il y a peu d'années encore, on pensait que les récents et remarquables perfectionnements apportés à la construction des instruments d'optique étaient près d'atteindre leur limite. Mais le progrès, véritable Protée, sait changer de manière pour continuer sa marche en avant, et nous voyons l'astronomie entrer dans une nouvelle et merveilleuse voie de découvertes par l'application de la photographie et de l'analyse spectrale à l'étude du ciel.

Le photographe, en rendant sensibles aux plaques collodionnées des lueurs qui échappent à l'œil, multiplie à l'infini le nombre des étoiles et des nébuleuses visibles, et résout en étoiles doubles ou triples beaucoup de mondes qui, jusqu'à ce jour, ne nous étaient apparus que comme des points mathématiques. Une photographie générale du ciel est actuellement entreprise par les astronomes de tous les pays et fixera bientôt sur le papier, en reculant dans des proportions inouïes les bornes de l'horizon céleste, toutes les splendeurs de l'univers.

Le physicien ne compte plus les découvertes dues au spectroscope. Après avoir reconnu que la constitution chimique des astres diffère peu de celle de notre globe, il arrive, au moyen du déplacement des raies spectrales, à mesurer les mouvements de chaque point lumineux dans la direction de son rayon visuel, et à déterminer à la fois les distances, les trajectoires et les masses des mondes les plus reculés.

Le calcul a démontré que, lors de la formation sidérale au sein des nébuleuses, les anneaux se détachant du noyau central devaient avoir une masse comparable à celle de ce dernier, et sous ce rapport, on constatait avec surprise que notre système solaire présentait une flagrante dérogation à une loi mathématique. Or, il est remarquable que les étoiles doubles ou triples rentrent dans la règle, c'est-à-dire que leurs masses sont sensiblement égales dans le même système. Le monde planétaire s'est donc formé sous l'influence de perturbations particulières qui l'ont considérablement émietté.

(*) M. Henri Hertz, physicien Allemand, a récemment entrepris d'établir, au moyen d'ingénieuses expériences, l'identité de la lumière et de l'électricité.

Pour y parvenir, il a imaginé un circuit interrompu en un point, mis en présence d'une source électrique ; quand le champ électrique variait rapidement, il apparaissait une étincelle entre les deux extrémités du circuit interrompu qui jouait le rôle de résonnateur électrique. Ce dernier, transporté à des distances variables de la source, donnait parfois des étincelles, et parfois restait inactif. En mesurant les distances des deux appareils dans chaque cas, on obtenait la longueur de l'onde, et cette longueur multipliée par la durée de la vibration était précisément la vitesse de transmission de l'électricité, vitesse qui s'est trouvée égale à celle de la lumière. M. Hertz en a conclu : 1° que l'électricité se propage comme la lumière, au moyen d'ondulations transversales de l'éther ; 2° que ces ondulations se transmettent de proche en proche avec la même vitesse que celle des ondes lumineuses. Pour achever de démontrer l'identité de l'électricité et de la lumière, il a placé au foyer d'un miroir concave le conducteur qui produisait la variation de l'état électrique, et il a constaté, au moyen du résonnateur, que les rayons réfléchis se comportaient comme des rayons lumineux ; enfin, à l'aide d'un prisme spécial, il a fait voir que les lois de la réfraction étaient également les mêmes pour les deux ordres de phénomènes.

Ces expériences ont été reprises en France, et n'ont malheureusement pas donné des résultats concordants. On s'est assuré que la longueur d'onde variait avec les dimensions du résonnateur, d'où résultaient des nombres différents pour la vitesse de propagation de l'électricité. Les conclusions du savant Allemand seraient donc attaquées dans leur base même. L'état électrique des corps se manifeste principalement par des mouvements de translation de l'éther, et ce n'est qu'accidentellement qu'il donne lieu à des vibrations de ce même fluide. Il n'est donc guère possible, en l'état actuel de la science, de confondre ce mode dynamique avec les vibrations elliptiques qui nous procurent la sensation lumineuse.

(ᵇ) Voici quels seraient, d'après M. Hermann Fol, les rôles des filaments nucléaires mâle et femelle dans l'acte de la fécondation.

Le spermatozoïde pénètre dans l'œuf, précédé d'un corpuscule dit spermocentre qui se dirige vers le pronucléus femelle; ce dernier possède également un centre ou ovocentre, situé du côté opposé aux cellules polaires. Les deux noyaux s'étant réunis, il se forme autour d'eux une tache claire; c'est l'aire germinative. Le spermocentre et l'ovocentre, toujours séparés, s'étirent en forme d'haltères qui finissent par se fractionner; les deux moitiés de l'un se placent respectivement en face des deux moitiés de l'autre, puis viennent, par un en avant quatre, se rejoindre deux à deux à angle droit de leur position première. C'est la phase du quadrille.

Dès que le contact a lieu, les deux nouveaux demi-centres s'entourent rapidement d'un système de véritables fibrilles divergentes, constituant les aster d'un premier amphiaster de fractionnement. La fusion des demi-centres s'opère ensuite, et il en résulte deux astrocentres, autour de chacun desquels se forme une cellule distincte.

M. Fol conclut de là : 1° que la fécondation consiste, non seulement dans l'addition des deux demi-noyaux provenant de sexes différents, mais encore dans la fusion deux à deux de quatre demi-centres provenant, les uns du père, les autres de la mère; 2° que tous les astrocentres du descendant, étant dérivés par divisions successives des astrocentres primitifs, se trouvent provenir à la fois par parties égales des deux ascendants.

(*) Le Gorille habite les forêts de l'Afrique occidentale, et particulièrement de la Guinée et du Gabon. Pourvu d'une large cage thoracique, et puissamment musclé, il est trop lourd pour grimper habituellement ; aussi fait-il souvent usage de la station quasi-verticale. Il court à la maraude en appuyant très peu sur ses mains, se déplace sans cesse et se réfugie la nuit dans des grottes naturelles. Ce genre de vie a modifié ses extrémités au point qu'elles ressemblent plus à celles de l'homme que chez tout autre singe ; mais le reste de sa conformation physique et la férocité de son naturel nous empêchent de l'adopter pour notre ancêtre. Confiné aujourd'hui, comme le Chimpanzé, sur le littoral de l'Océan Atlantique, menacé de plus en plus par le contact de l'homme, il est condamné à subir le sort qui attend tous les autres anthropoïdes, c'est-à-dire à disparaître avant qu'il soit longtemps.

(4) La race dite Mongolique présente comme caractères distinctifs, outre la couleur de la peau et des cheveux, l'épatement et la largeur du nez, la saillie des pommettes, le relèvement de l'angle externe de l'œil, et l'abaissement des paupières. Cette dernière particularité, qui offre un frappant contraste avec l'ouverture franchement arrondie de l'œil de tous les singes supérieurs, peut trouver une sorte d'explication dans l'hypothèse que nous avons faite d'une évolution de la race jaune sur la rive droite de l'Oxus. Ce fleuve, en effet, coule dans la direction N.-O., et les rayons solaires reflétés par sa large surface devaient incommoder la plus grande partie de la journée des êtres qui ne s'éloignaient guère de ses bords. Obligés de tenir souvent les yeux à moitié fermés, ils contractèrent l'habitude d'avoir la paupière abaissée et, l'hérédité aidant pendant des siècles, ils eurent uniformément les

yeux bridés au moment de leur migration. Les Indiens Peaux-Rouges furent sans doute soumis aux mêmes influences, mais il n'en résulta pas une conformation aussi prononcée, à cause du temps relativement court qu'ils passèrent dans le lieu d'origine. Ils ont d'ailleurs quitté l'Asie centrale bien avant les Mongols et, obligés de stationner dans les régions froides du Nord avant de se répandre en Amérique, ils n'eurent plus à subir les mêmes effets de la réverbération solaire. Au reste, les Esquimaux, quoique appartenant à la même période évolutive que les Chinois, ont l'œil beaucoup moins bridé, ce qui tient probablement à la brume des pays qu'ils occupent.

L'isolement complet et continu de la race Mongole, surtout des Siniques, est un fait qui a attiré l'attention de tous les ethnologues. Indépendamment du caractère propre de ces populations, il trouve une explication naturelle dans des particularités de configuration géographique. Le Japon est un archipel ; la Chine, le Tonkin et l'Indo-Chine sont entourés, d'une part par la mer, de l'autre par de grandes montagnes, dont le colosse de l'Himalaya, et par de hauts plateaux presque déserts. L'océan n'est plus un obstacle pour les flottes européennes, mais les distances s'opposeront longtemps encore à ce qu'une action militaire de quelque importance s'exerce sur l'Extrême-Orient par voie de mer. Assurément la civilisation finira par triompher des obstacles naturels : un télégraphe électrique réunit actuellement le Tonkin à la Chine ; les voies ferrées s'acclimatent dans l'Empire Céleste, et rejoindront dans un avenir prochain les réseaux de l'Occident. Mais nous n'avons que médiocrement à gagner au contact de cette civilisation immobile ; et même, si nous parvenons à secouer sa torpeur, ce sera certainement pour créer une situation économique fatale à la vieille Europe.

Les Mongols des rivages de l'Océan glacial doivent leur isolement à l'aridité des pays qu'ils habitent et à la rigueur du climat. Refoulés sur une bande de très faible largeur, ils demandent leurs moyens d'existence à la chasse et surtout à la pêche. et n'éprouvent pas le besoin de s'enfoncer dans l'intérieur des terres où, d'ailleurs, ils rencontreraient d'autres peuplades prêtes à les arrêter.

(*) Nous avons basé notre étude ethnologique sur la répartition, entre les deux rives d'un même fleuve, d'une même espèce de singes. Comment a-t-il pu se faire que la période évolutive ait duré des siècles sans mélange des riverains ? Nous répondrons que l'Oxus est un très grand fleuve dont la largeur, à hauteur de Balkh, dépasse 700 mètres, avec une profondeur qui atteint 6 mètres. On jugera, d'après ces dimensions, de l'impossibilité absolue, pour des êtres simiens habitant une région dépouillée d'arbres, de traverser un pareil cours d'eau. A la vérité ils pouvaient trouver des gués en remontant l'Oxus, mais ils rencontraient alors des affluents importants, comme le Gori par exemple, et pour les traverser il fallait pénétrer dans des vallées impraticables et aborder les contreforts abrupts de l'Indou-Kouch ; ils n'avaient plus, pour opérer ce mouvement rétrograde, les graves raisons qui durent les précipiter à la débandade et sans souci des obstacles, de la montagne dans la plaine. Les difficultés d'accès et l'abaissement de la température les empêchèrent donc constamment de chercher du côté d'amont une voie de communication et tout indique, dans notre hypothèse, que la séparation marquée par le fleuve fut bien réellement effective et dut se continuer pendant un temps très long.

On peut également se demander pourquoi ces tribus, au lieu de rester indéfiniment cantonnées sur les bords de l'Oxus, ne se seraient pas étendues, d'une part le long des côtes orientales de la mer Caspienne, et de l'autre sur le pourtour de la mer d'Aral jusqu'à l'embouchure du Syr-Daria, qui leur aurait alors fourni de nouvelles et précieuses ressources. Il est certain que l'évolution commencée sur l'Oxus pouvait se continuer sur le Syr-Daria, mais des objections sérieuses nous paraissent devoir écarter ces combinaisons. La question d'eau potable retint longtemps des animaux ne possédant aucun moyen de transport, et le littoral de mers confinant immédiatement au désert constituait pour eux un obstacle infranchissable au même degré que les plateaux sablonneux du Turkestan. Au reste, tant que cette espèce simienne resta dans l'animalité, quelle raison l'aurait engagée à abandonner une région abondamment pourvue en eau excellente et en fruits savoureux, pour s'engager dans des terres désolées ? Ces mouvements dont nous contestons la possibilité au début se produisirent beaucoup plus tard, à une époque déjà avancée de l'évolution ; alors la main humaine savait façonner beaucoup d'objets, et la poussée d'une population devenue trop dense fut la cause et donna le signal de toutes les migrations.

C'était bien un paradis terrestre que cette belle vallée de l'Oxus où à toutes les facilités de l'existence se joignait une parfaite sécurité. Nous ne serions pas éloigné de regarder cet heureux coin de terre comme répondant à la riante peinture des légendes bibliques. Quand on songe à ce que l'homme en a fait, on est forcé de convenir que nous n'avons pas de plus mortel ennemi que notre propre semblable. Aussi voyons-nous avec satisfaction la Russie étendre ses conquêtes sur cet indigne repaire de la barbarie, et rendre à la civilisation le berceau de l'humanité.

On a placé notre lieu d'origine dans des régions

montagneuses, telles que le Caucase, le plateau de Pamir, etc.; nous n'avons pas besoin de réfuter ces hypothèses que personne n'accepte aujourd'hui. Il en est de même pour de vastes plaines arrosées par des fleuves célèbres, comme le Tigre, l'Euphrate, le Nil, où les conditions voulues pour une évolution aussi remarquable sont loin d'être réalisées.

Mayne-Reid, dans un livre intitulé : *Les peuples étranges*, signale des coutumes qui sont communes aux Dayaks de Bornéo et aux Mondroucous des rives de l'Amazone ; les uns et les autres embaument les têtes de leurs ennemis, et vont à la chasse armés de sarbacanes. Cette coïncidence lui paraît suffisante pour conclure à une communauté d'origine entre ces indigènes de l'Amérique tropicale et les sauvages de la mer du sud. Il est possible qu'une communication se soit accidentellement établie entre ces pays si éloignés les uns des autres, mais notre théorie sur la répartition des races humaines n'admet pas que de l'Amérique il soit sorti d'autres peuplades que des Peaux-Rouges, et les Dayaks appartiennent à une autre race. On a prétendu également que les Papous, dispersés dans quelques archipels de l'Océan Pacifique, dans la Nouvelle-Guinée, les îles Salomon, la Nouvelle-Calédonie, les Nouvelles-Hébrides, auraient été chassés par les Malais de l'Amérique méridionale. Pour nous ce sont des nègres de la première heure, et c'est de la rive gauche de l'Oxus qu'ils sont partis pour gagner de proche en proche leur résidence actuelle.

(¹) On nous annonce, de l'autre côté de l'Atlantique, que M. Garner, docteur américain, a trouvé la clé du langage des singes. Ce patient observateur, ayant eu l'heureuse idée de recueillir, au moyen du phonographe, les modulations très délicates de la voix d'une espèce simienne, constata que certains sons exprimaient toujours les mêmes choses, et il parvint lui-même à les articuler assez distinctement pour produire sur l'esprit de ces intéressantes bêtes une impression extraordinaire.

D'après le professeur Yankee, un son désigne tout ce qui se boit, un autre ce qui se mange, un troisième la main, un quatrième le temps qu'il fait, un cinquième le danger de mort ou quelque chose d'approchant, et ainsi de suite jusqu'à neuf sons principaux que des modulations distinctes portent au nombre de trente à trente-cinq.

Chaque espèce simienne aurait sa langue particulière avec des dialectes variés. Un singe mis en cage avec un congénère d'espèce différente arrive assez vite à entendre la langue de ce compagnon de captivité, mais ne la parle jamais; il lui répond dans son propre dialecte.

Ces bêtes raisonnent, connaissent le rapport de cause à effet, et il est vraisemblable que, comme il arrive pour l'homme, elles s'aident des mots pour penser; en tout cela, il n'y aurait que des différences de degré. D'une façon générale, l'état de la faculté de langage est, chez tous les animaux, en rapport direct avec leur condition physique, mentale et sociale.

Nous n'avons aucune raison de douter de la sincérité de ces curieuses et importantes observations, qui ne font que corroborer les opinions émises dans le présent chapitre. Nous espérons bien qu'elles seront répétées et complétées par d'autres savants, et qu'à l'aide du microphone et du phonographe, on les étendra à l'étude du langage d'une foule d'autres animaux.

(s) L'école criminaliste italienne et à sa tête M. Lombroso croient à l'existence d'un type criminel dont ils détaillent complaisamment les traits; ils vont jusqu'à soutenir qu'il a constamment les cheveux noirs, ce qui comblerait de joie et transporterait d'orgueil les races blondes ou rousses. Ils n'ont fait que peindre au physique quelque scélérat… italien. Ce qu'on paraît avoir complètement oublié dans cette intéressante, mais difficile étude, c'est qu'un certain nombre de crimes restent ignorés ou que, si on les découvre, leurs auteurs sont inconnus et échappent conséquemment à l'observation. Un criminel qui réussit à se soustraire à la vindicte publique est non seulement plus dangereux que les autres, mais encore bien plus intelligent ; il a donc un physique à part, lequel n'est malheureusement connu que dans le cas assez rare où l'arrestation a lieu au bout de quelques années.

En général, les scélérats ne brillent pas par l'étendue de leur intelligence et fournissent d'eux-mêmes, inconsciemment, à la justice les preuves les plus évidentes de leur culpabilité, témoin entre mille ce fameux Géomay qui laissa son adresse exacte sur le théâtre même de ses exploits. Si l'on voulait borner la description de ce type à quelques traits caractéristiques, on lui donnerait un front étroit, bas et fuyant, indice d'une atrophie des lobes frontaux, et un système maxillaire très développé, signe à peu près certain de la prédominance des appétits matériels.

(h) Dans ce siècle de nivellement à outrance, on a la prétention d'effacer jusqu'aux inégalités que la nature a mis le plus de soin à accentuer ; on proclame les droits civils et politiques de la femme égaux à ceux de l'homme, on la déclare apte à toutes les fonctions, (la carrière militaire sans doute exceptée), et dans cet ordre d'idées, on cherche à lui inculquer une instruction universelle.

Ces tendances, selon nous, sont dangereuses. La femme, la jeune fille peuvent certainement tenir des emplois variés, mais il ne faut pas leur attribuer ceux qui demandent une haute instruction. La mère de famille a besoin d'une grande vigueur corporelle pour remplir tous ses devoirs, et son éducation doit la lui assurer. Il n'est pas encore absolument démontré que les nécessités de l'existence ont pour conséquence forcée l'abâtardissement des races et, à tous ces raffinements de la civilisation, nous préférerions le retour aux lois de Lycurgue et la mâle éducation des jeunes filles de Sparte.

(¹) Il est constant que la surexcitation de l'activité intellectuelle a été la principale, sinon la seule cause de l'augmentation du volume de l'encéphale ; elle a surtout donné de l'extension à l'écorce grise des hémisphères. La boîte crânienne a suivi le mouvement, mais avec une lenteur qui aurait provoqué la formation de nouvelles circonvolutions, avec creusement plus profond des anciens sillons.

Toutefois ce perfectionnement organique, très accéléré dans les premiers âges de l'humanité, s'est notablement ralenti. On ne saurait admettre que le crâne s'accroisse indéfiniment, étant donné que les autres parties du corps restent à peu près stationnaires et que les organes de la génération, chez la femme, n'ont pas sensiblement varié depuis un temps très long. La tête de l'enfant a atteint son développement vers les sept ans, et pour en augmenter encore le volume, il faudrait la forcer par un surmenage intellectuel qui produirait des effets déplorables à un âge aussi tendre. Au reste un fait démontre que la nature a renoncé à donner au crâne un volume en rapport avec la progression de l'intelligence : c'est la multiplication des plissements et des circonvolutions de l'écorce grise, principalement dans la région des lobes frontaux. On doit même supposer que la profondeur des sillons est près d'arriver à sa limite, car s'ils se creusaient davantage, ce serait aux dépens de la masse cérébrale et, d'autre part, des complications graves résulteraient d'une exagération du vide laissé entre la boîte osseuse et les hémisphères.

Pour nous, la tête humaine est arrivée, ou peu s'en faut, à son volume maximum, en même temps que l'écorce grise aurait atteint, en prenant pour types les êtres les mieux doués, sa plus grande surface. Le progrès intellectuel, s'il doit s'accuser longtemps encore, tiendrait principalement à la diffusion de l'instruction dans les masses; il ne résulterait plus, chez l'individu, que d'une organisation plus parfaite des cellules grises considérées, soit en elles-mêmes, soit dans leurs liaisons réciproques.

(*) Telle n'est pas l'opinion de certains savants ou de certains peuples qui prétendent servir d'avant-garde à la civilisation. Une statistique dressée récemment établirait que la nation Anglo-Saxonne accuse, depuis le siècle dernier, de notables progrès sous le rapport physique. On fait également remarquer que la vie moyenne, en France, a augmenté de sept années depuis un demi-siècle, et l'on en conclut avec quelque semblant de logique que le perfectionnement organique de notre espèce est précisément la cause de l'amélioration de la longévité. Nous n'acceptons que sous réserve les résultats basés sur des statistiques qui embrassent des éléments variés, susceptibles d'interprétations fort diverses, et qui enregistrent complaisamment des opinions préconçues; nous n'y contredirons pas, du reste, nos considérations sur la décadence corporelle de l'humanité visant surtout l'avenir. Les causes de dégénérescence qui agissent actuellement sont indéniables ; pourquoi n'affirmerait-on pas les effets ?

On nous reprochera peut-être de n'avoir pas énuméré les causes de progrès physique à opposer aux causes de décadence. Il appartient au docte corps médical de faire valoir l'influence grandissante de son art sur la santé publique et, par suite, sur la longévité humaine. Pour nous, la cause vraiment efficace, que nous avons d'ailleurs indiquée, c'est l'application généralisée des règles de l'hygiène. Mais outre qu'elle n'apparaît qu'à titre conditionnel et aléatoire, elle pèche encore par insuffisance notoire au point de vue du progrès. Il est bien constaté, en effet, que la sagesse de l'être raisonnable par excellence n'a guère, jusqu'à présent, édicté des mesures préventives en matière d'hygiène, et qu'elle s'est appliquée seulement à corriger les conditions de plus en plus défectueuses faites à la santé publique par la densité des agglomérations. En procédant ainsi, on a peu de chances d'ajouter quelque chose au bien-être général.

(¹) Au dire de quelques savants, c'est avant cette époque et par submersion que le genre humain périra. La mer ronge les falaises sans désemparer, et l'on peut, en évaluant le cube de terre ainsi conquis annuellement sur les continents, arriver, par une simple proportion, à calculer la date à laquelle toute la terre ferme sera submergée, et qui commencera le nouvel âge des poissons.

Ce calcul pèche sur plusieurs points. D'abord, on suppose que l'ère des soulèvements géologiques est ou sera bientôt terminée, et nous savons qu'il n'en est rien. En outre, quand la mer s'attaquera aux plus hautes chaînes de montagnes, on suppose tacitement et gratuitement à la fois qu'il existera à bonne portée un vide sous-marin assez considérable pour les engloutir. Enfin, on ne tient pas compte d'une particularité qui, avec le temps, prendra les proportions d'un grand événement, nous voulons parler de l'infiltration des eaux superficielles dans l'écorce solide du globe. A mesure que celui-ci se refroidit, l'eau qui pénètre les couches profondes sous la double action de la capillarité et de la pesanteur, descend à un niveau de plus en plus bas, le tout au préjudice du volume des mers. Il serait intéressant d'examiner si la dessication de la terre ne précédera pas sa congélation définitive, auquel cas nous péririons de soif et non de froid.

La lune, dont l'évolution est plus avancée que celle de la terre, ne présente pas de traces de surface liquide ; les eaux de Mars paraissent peu profondes. Tous ces états proviennent sans doute du fait de l'imbibition.

(ᵐ) Toutes les nations policées comprennent aujourd'hui que l'avenir est du côté du pays du soleil. Depuis longtemps déjà, les puissances maritimes de l'Europe ont pris possession de toutes les îles tropicales ; mais, hier encore, l'intérieur du mystérieux continent Africain attendait des maîtres civilisés. De hardis explorateurs nous en ont récemment dévoilé les incalculables richesses, et soudain un mouvement colossal s'est produit pour l'occupation de ces fertiles contrées. Au début, chaque peuple a dissimulé ses convoitises sous la banalité des motifs : on parlait de l'établissement de simples comptoirs, de débouchés nouveaux à ouvrir au commerce et à l'industrie, et, la philanthropie s'en mêlant, aucuns semblaient ne prendre à cœur que l'émancipation de la race nègre. Aujourd'hui le masque est levé; tous les peuples de l'ancien continent cherchent à se tailler la meilleure part possible dans ce gigantesque gâteau, avec le vague pressentiment qu'elle est appelée à devenir le plus clair de leur patrimoine.

Il n'est pas jusqu'aux États-Unis, à qui la perspective des annexions du Mexique et du Canada ne suffit plus, qui ne se mettent à ébaucher un projet de Zollverein pour associer plus étroitement l'Amérique du Sud à leurs destinées. Le mouvement vers l'équateur est donc bien prononcé, trop peut-être, car il est à craindre que l'ardeur des compétitions ne donne à bref délai le signal de nombreuses conflagrations.

(ⁿ) Effectivement un peuple se trouve en Europe, qui paraît aspirer à ce rôle véritablement glorieux, et ce sont ses tendances, peu déguisées, à l'hégémonie qui nous ont suggéré ce dernier *modus vivendi*. Une guerre heureuse lui a donné la suprématie sur les autres États, et de puissantes alliances en font l'arbitre de la paix. Est-il vrai, comme il l'affirme, que la race latine est en pleine décadence et qu'il a pour mission de retremper un sang dégénéré? L'avenir nous apprendra si les prétentions qu'il affiche ne sont que l'expression d'un orgueil exagéré, ou si elles s'appuient sur une juste appréciation de ses hautes capacités. En attendant, nous persistons à croire à l'enseignement du passé.

(°) Nous résumons en quelques lignes les phases par lesquelles a passé le principe d'autorité. Pour commander, il a fallu être le plus fort, le plus brave, le plus rusé, et enfin le plus habile. Chez les animaux, c'est la force musculaire qui confère le droit au commandement ; ce fait est démontré particulièrement pour les espèces simiennes, et les premières tribus humaines ont obéi au plus fort. Avec l'augmentation de la population, il devint de plus en plus difficile de maintenir l'unité du pouvoir dans sa brutale expression ; aussi, pour éviter des rivalités sanglantes, tous ceux que leur vigueur physique pouvait appeler à commander, finirent-ils par s'entendre sur le choix d'un chef unique, choix basé sur le courage dont il avait fait preuve et sur les services qu'il avait rendus dans les combats.

Mais l'intelligence humaine grandissait et l'on n'employa plus exclusivement son temps à batailler ; un moment arriva où la force et le courage ne suffirent pas pour donner satisfaction à tous les intérêts. Le dépositaire de l'autorité fut donc obligé de s'ingénier pour la faire accepter, et demanda à quelque mystérieux ou merveilleux principe la consécration de ses actes. Les moyens employés varièrent beaucoup, mais tous tenaient bien plus de la ruse que de l'habileté, car ils consistèrent en pratiques occultes que nous voyons encore revivre de nos jours sous les noms de sorcellerie, de magie et de fétichisme. Certains chefs entretinrent commerce avec des êtres imaginaires ; d'autres, spéculant sur la superstition religieuse, se firent les intermédiaires entre l'homme et la Divinité, et assurèrent leur prestige par l'exercice personnel des plus hautes fonctions sacerdotales. Enfin, à une époque plus récente, on a décrété la souveraineté de droit divin, pour la mettre à l'abri de toute contestation.

Toutes ces manœuvres répugnent au sentiment des sociétés modernes et la ruse a fait son temps. Aussi n'est-ce plus que l'habileté, c'est-à-dire le talent ou le génie des souverains, qui garantira la stabilité des monarchies. Dans cet ordres d'idées, l'hérédité du pouvoir personnel cesse d'avoir sa raison d'être ; le souvenir des services rendus par le fondateur d'une dynastie ne suffit plus pour assurer à des descendants dégénérés une paisible succession, et le mode électif paraît devoir, dans un avenir plus ou moins rapproché, régler l'avènement au trône dans les pays monarchiques parvenus à un certain degré de civilisation.

Ce problème de la transmission du pouvoir a reçu d'autres solutions satisfaisantes : la royauté héréditaire et constitutionnelle, telle qu'elle existe en Angleterre, et la forme républicaine ou fédérative adoptée dans plusieurs contrées. Or, plus la personnalité du Chef suprême tend à s'effacer devant le pouvoir exécutif, plus il importe de renforcer le principe d'autorité. C'est un fait aujourd'hui bien établi qu'il n'est acquis de prestige qu'aux hommes d'État d'une capacité hors ligne et de bon aloi, et on ne les rencontrera que lorsqu'à la longue il se sera formé une sorte d'école de gouvernement où ils se recruteront d'une façon régulière. De pareilles institutions ne valent donc que par le mérite transcendant des politiciens chargés des affaires publiques, et nous sommes ramenés à cette conclusion générale que, quelle que soit l'espèce de gouvernement, ce sera exclusivement l'habileté des souverains ou bien des ministres qui assurera aux nations leur indépendance et leur prospérité.

PROJET D'ORGANISATION D'UN CORPS D'HYGIÉNISTES

Je causais, il y a peu de temps, avec un honnête, robuste et laborieux fermier du Dauphiné, lequel se plaignait de perdre tous les ans plusieurs têtes de bétail par la maladie. Je lui représentais que ses écuries et étables étaient mal tenues, que le bon air et la lumière y manquaient comme dans son corps de logis, et qu'au lieu d'aller — offrir — à un saint des environs toutes les fois qu'une de ses bêtes était malade, il emploierait plus fructueusement son temps à placer tous ses locaux dans de meilleures conditions hygiéniques.

Les gens n'étaient guère mieux partagés que les bêtes. Deux garçons, d'ailleurs bien bâtis, étaient affligés de maladies cutanées, de furoncles et de rhumatismes précoces qui dénotaient un mépris absolu des soins de propreté et l'ignorance la plus complète des règles de l'hygiène. J'avais beau faire remarquer au père qu'il avait tort d'installer sa magnanerie dans ses chambres à coucher et d'entasser ses fumiers contre le puits qui fournissait l'eau potable ; à toutes mes observations le brave homme n'eut qu'une réponse : « Los savans san pi bétes que me. »

Je me suis demandé s'il n'y avait rien à faire pour améliorer ce triste état de choses, à peu près général dans nos campagnes, et le résultat de mes réflexions a été qu'il fallait aller chercher la routine dans son repaire, pour pouvoir la saisir et la combattre corps à corps.

La machine humaine est montée pour durer cent cinquante ans dans nos contrées d'Europe, et la statistique nous apprend que l'homme y vit moins de quarante ans en moyenne. Il est étonnant que le xixe siècle, qui a réalisé tant de progrès en des genres très divers, n'ait pas vu naître quelque institution capable d'aider énergiquement la nature dans le développement normal de la longévité humaine. Nous avons bien des médecins, il est vrai, mais on ne les consulte que lorsque l'organisme est sérieusement atteint ; ils ont plus intérêt à appeler la maladie qu'à la prévenir, et une bizarre anomalie veut qu'ils gagnent d'autant plus qu'elle se prolonge davantage, leurs honoraires se trouvant proportionnels au nombre de leurs visites. Conserver la santé passe avant l'art de guérir, mettre universellement en pratique les règles, aujourd'hui bien connues, de l'hygiène, constitue une science plus utile que la médecine. C'est pourquoi je propose, dussé-je encourir toutes les colères des disciples d'Hippocrate, de créer la profession d'hygiéniste.

Oui, je demande qu'il y ait des hygiénistes, comme il existe des avocats, des notaires, des vétérinaires, des médecins. Personne ne conteste l'utilité de cette institution, mais on me fait quelques objections et, d'abord, on me dit : « qui paiera les hygiénistes? » Je reconnais qu'on décidera difficilement, à l'époque où nous sommes, les personnes bien portantes à débourser quoi que ce soit pour assurer la conservation de leur santé. Aussi trouvé-je bon que, provisoirement, tout le monde s'impose un sacrifice pécuniaire dans l'intérêt de chacun; les hygiénistes seront, au début, des agents salariés par l'État. Et qu'on ne m'accuse pas de vouloir grever encore le budget si lourd de nos dépenses; il est facile de prouver que cette charge nouvelle serait éminemment productive. Car la santé conservée à un plus grand nombre de citoyens, c'est le travail et la richesse du pays augmentés dans d'énormes proportions, ce sont les frais de médecin, de médicaments, d'hôpitaux considérablement réduits; c'est aussi, il faut bien l'ajouter, la sécurité nationale mieux assurée par le nombre et la solidité des soldats valides. Je ne parle pas des profits incalculables que l'agriculture retirera de la pullulation des animaux domestiques quand ils seront l'objet de soins intelligents; ce simple aperçu suffirait pour décider les plus récalcitrants à dénouer les cordons de leur bourse.

Je suppose donc qu'on va doter la France d'un corps d'hygiénistes éclairés, joignant à une solide instruction théorique des notions pratiques étendues. Quelles seront leurs fonctions? Comment les recrutera-t-on? Quels seront leur nombre et leur répartition sur le territoire français? Quel sera leur traitement?

1° *Leurs fonctions.* — Les hygiénistes seront chargés d'enseigner tout ce qui a trait à la conservation de la santé de l'homme et des animaux domestiques. Leurs fonctions comprendront deux parties bien distinctes : les conférences publiques et les tournées à domicile sur la demande des intéressés. Les conférences auront lieu au chef-lieu d'arrondissement et de préférence le soir, afin de permettre aux travailleurs d'y assister. Quant aux tournées, elles se feront à date fixe et seront accompagnées, quand on le jugera utile, d'une conférence au chef-lieu de canton. Le département supportera tous les frais de tournée. Les hygiénistes, qui doivent ignorer les pratiques médicales, se garderont bien de donner leurs soins aux malades ; ils rentreront à cet égard dans le droit commun, c'est-à-dire qu'ils pourront être poursuivis pour exercice illégal de la médecine et seront toujours révoqués à la suite d'une condamnation.

2° *Leur recrutement.* — Pour donner, dès le début, un cachet tout particulier d'uniformité à l'instruction de ces agents de la santé publique, on créera une seule école à Paris. Les élèves n'y seront admis qu'à l'âge de 21 ans et par voie de concours; ils y passeront deux années, dont la dernière sera plus spécialement consacrée à la visite des maisons et établissements de tout genre. A leur sortie, ils satisferont à la loi militaire en faisant un stage de douze mois dans un régiment, où ils compléteront fructueusement leurs études; alors seulement et après un sérieux examen, ils seront nommés hygiénistes.

3° *Leur nombre et leur répartition sur le territoire.* — Je limite le nombre des hygiénistes à celui des arrondissements, c'est-à-dire qu'ils seront 377, répartis à raison d'un par chef-lieu de préfecture ou de sous-préfecture. Paris sera l'objet d'une réglementation spéciale.

4° *Leur traitement.* — Possédant tous une instruction égale, les hygiénistes ne se distingueront que par l'ancienneté de leurs services. Leur traitement de début sera de 3,000 francs et recevra, tous les cinq ans, par exemple, une augmentation qui le portera à 6,000 francs vers l'âge de 60 ans. Ils auront droit, dès cette époque, à une pension de retraite de 3,000 francs. Des inspecteurs visiteront de temps en temps les départements, dans le but de constater les progrès accomplis au point de vue de l'hygiène ; ils proposeront des gratifications pour les agents dont la mission aura été féconde en résultats.

Un jour viendra sans doute où, grâce à la diffusion des lumières, la France comptera autant d'hygiénistes que de citoyens. J'appelle de tous mes vœux ce moment, malheureusement lointain encore, où les hygiénistes de profession auront vécu. Mais il s'agit d'abord de les faire naître et, pour finir comme j'ai commencé, j'insiste à nouveau sur l'état déplorable où se trouvent nos populations, de la ville comme de la campagne, sous le rapport hygiénique ; à un mal aussi invétéré il faut un énergique remède. Il ne s'agit pas seulement d'une œuvre éminemment philanthropique et rémunératrice à la fois ; elle sera patriotique à un égal degré. Des nations voisines et rivales tendent à nous précéder dans cette voie et, si nous n'y prenons garde, une longévité plus grande, combinée chez elles avec une natalité beaucoup plus considérable, fera bien vite cesser tout état d'équilibre, pour nous abaisser au dernier rang des puissances Européennes.

Je m'aperçois, en terminant, que j'ai totalement oublié de mentionner les sociétés, les conseils, les commissions, les congrès, etc., qui s'occupent des questions intéressant la santé publique. Je vois d'ici tous ces hygiénistes en nom collectif qui, croyant à une omission volontaire, m'interpellent vivement et s'écrient : « Eh bien, nous autres, à quoi donc servons-nous ? »

Au point de vue de l'hygiène individuelle et rurale, c'est aussi ce que je me demande.

TABLE DES MATIÈRES

			Pages.
Introduction			5 à 16
Chapitre	I.	La matière. — L'éther, les condensations, les nébuleuses, les systèmes stellaires..	17 à 29
—	II.	Les lois qui régissent la matière	29 à 45
—	III.	Les nerfs et les centres nerveux. — Les muscles	45 à 66
—	IV.	Les principes immédiats et les éléments anatomiques. — L'ovule et la cellule grise	66 à 84
—	V.	Les fonctions psychologiques de l'encéphale	84 à 113
—	VI.	La vie animale, son origine, ses développements. — Les ancêtres de l'homme	113 à 127
—	VII.	Formation de la main de l'homme	127 à 136

TABLE DES MATIÈRES.

<table>
<tr><td></td><td></td><td>Pages.</td></tr>
<tr><td>Chapitre VIII.</td><td>Les deux races humaines primitives..................</td><td>136 à 146</td></tr>
<tr><td>— IX.</td><td>Origine du langage articulé...</td><td>146 à 154</td></tr>
<tr><td>— X.</td><td>Objections qui ont été faites contre la descendance animale de l'homme..........</td><td>154 à 163</td></tr>
<tr><td>— XI.</td><td>Les beaux-arts et le beau.....</td><td>164 à 174</td></tr>
<tr><td>— XII.</td><td>De la conscience et de l'attention. — Erreur des philosophes qui admettent des idées innées....................</td><td>175 à 190</td></tr>
<tr><td>— XIII.</td><td>La volonté dans ses rapports avec la liberté. — De la responsabilité pénale..........</td><td>190 à 209</td></tr>
<tr><td>— XIV.</td><td>De l'Être suprême et d'une vie à venir..................</td><td>209 à 222</td></tr>
<tr><td>— XV.</td><td>De l'éducation et de l'instruction........................</td><td>223 à 230</td></tr>
<tr><td>— XVI.</td><td>Le progrès physique, intellectuel et moral..............</td><td>230 à 242</td></tr>
<tr><td>— XVII.</td><td>Avenir de l'humanité..........</td><td>243 à 250</td></tr>
<tr><td></td><td>Notes ....</td><td>251 à 273</td></tr>
</table>

Projet d'organisation d'un corps d'hygiénistes... 275 à 281

Grenoble. — Imp. ALLIER.

www.ingramcontent.com/pod-product-compliance
Lightning Source LLC
Chambersburg PA
CBHW070759170426
43200CB00007B/838